TEACH NOW!

教学是一段旅程

成长为卓越教师你一定要知道的事

THE ESSENTIALS OF TEACHING

[英] 杰夫·巴顿 Geoff Barton

What You Need to Know
to Be a Great Teacher

中国青年出版社
CHINA YOUTH PRESS   中青文传媒

图书在版编目（CIP）数据

教学是一段旅程：成长为卓越教师你一定要知道的事 /（英）杰夫·巴顿著；杨惕，冯琳译.
—北京：中国青年出版社，2016.9
书名原文：Teach Now! The Essentials of Teaching: What You Need to Know to Be a Great Teacher
ISBN 978-7-5153-4447-8

Ⅰ.①教… Ⅱ.①杰… ②杨… ③冯… Ⅲ.①师资培养 – 研究 Ⅳ.①G451.2

中国版本图书馆CIP数据核字（2016）第204657号

Teach Now! The Essentials of Teaching: What You Need to Know to Be a Great Teacher / by Geoff Barton /
ISBN: 9780415714914
Copyright © 2015 Taylor & Francis
Authorized translation from English language edition published by Routledge, part of Taylor & Francis Group
LLC.
Simplified Chinese translation copyright © 2016 by China Youth Press.
All rights reserved.
Copies of this book sold without a Taylor & Francis sticker on the cover are unauthorized and illegal.

教学是一段旅程：
成长为卓越教师你一定要知道的事

作　　者：〔英〕杰夫·巴顿
译　　者：杨惕　冯琳
责任编辑：肖佳　庞冰心
美术编辑：张燕楠
出　　版：中国青年出版社
发　　行：北京中青文文化传媒有限公司
电　　话：010-65511270/65516873
公司网址：www.cyb.com.cn
购书网址：zqwts.tmall.com　www.diyijie.com
印　　刷：三河市文通印刷包装有限公司
版　　次：2016年9月第1版
印　　次：2016年9月第1次印刷
开　　本：787×1092　1/16
字　　数：150千字
印　　张：19.5
京权图字：01-2016-1517
书　　号：ISBN 978-7-5153-4447-8
定　　价：39.00元

TEACH NOW!

目 录 / CONTENTS

教学的要诀 / 007

序言 / 009

你是谁 / 017

我是谁 / 021

如何阅读本书 / 025

第一部分：在开始教学培训之前 —————————————— 029

① 如何才能知道教师是你职业生涯的正确之选 / 031

② 那么，你在担心些什么呢 / 034

③ 接受教师培训有多重要 / 038

④ 招生导师如何看待针对教师岗位申请者的培训 / 042

⑤ 如何才能成功申请一次教师培训课程 / 045

⑥ 在一个获得教师培训机会的面试中，你有什么样的期待 / 049

⑦ 何种优异表现才能让你获得培训的机会 / 052

⑧ 如果你获得了培训的席位，接下来你应该做些什么 / 056

第二部分：做好教学实践的准备 ———————————— 061

⑨ 在来到你工作的学校之前，应做好哪些准备 / 063

⑩ 在上课时如何穿着才更得体 / 067

⑪ 在教学实践当中，你如何称呼自己 / 070

⑫ 如何进午餐 / 073

⑬ 如何使用教职工休息室 / 076

第三部分：教学培训 ———————————————— 079

⑭ 怎样运用教师准则 / 082

⑮ 运用教师准则1：如何给学生设定一个高期望值 / 083

⑯ 运用教师准则2：如何帮助学生取得巨大的进步 / 089

⑰ 运用教师准则3：如何展现你所具备的扎实的专业知识 / 098

⑱ 运用教师准则4：如何准备和讲授一堂精心设计的课 / 104

⑲ 运用教师准则5：如何调整你的教学使之与所有学生的能力与需求相呼应 / 112

⑳ 运用教师准则6：如何准确地了解学生 / 120

㉑ 运用教师标准7：如何建立和维护高效的课堂秩序 / 128

㉒ 运用教师标准8：履行更为宽泛的职业责任 / 135

㉓ 运用教师准则的第二部分　如何像一位教师那样引导自己——个人行为和职业行为 / 140

24 教师该如何恰当使用语言 / 145

25 如何运用教室的日常规范来塑造学生良好的行为 / 159

26 如何强调你对班级的期望 / 166

27 如何用你的肢体语言来强调你对良好行为的期望值 / 169

28 如何处理具有挑战性的行为　A 部分：探索行为困局 / 174

29 如何处理具有挑战性的行为　B 部分：可能的应对措施 / 178

30 如何向学生提出表扬 / 189

31 如何成为一个高效训导教师 / 192

32 如何评估你是否是一个合格的训导教师 / 197

第四部分：成为一名教师————————————203

33 如何申请一份教师工作 / 206

34 如何写一封成功的申请信 / 210

35 比较各种申请信，你发现有什么不同 / 213

36 如何在面试中获得成功 / 222

37 如何在面试时上好试讲课 / 229

38 如何组织和安排家长会 / 234

39 如何处理家长在家长会上的抱怨 / 239

40 如何处理一个针对你个人的抱怨 / 244

41 如何回应一次家长面谈中产生的不愉快 / 247

42 如何在家长会上应付那些最具挑战性的家长 / 252

第五部分：成为正式教师以后 ——————— 257

43 你成为一名教师了，而你正在为哪些方面感到烦恼 / 259

44 你职业生涯的下一步在哪里 / 293

后记 / 299

译者序 / 303

教学的要诀

可以说，人在一生中，如果能够接受过一名卓越教师的教育，实乃生活中真正的幸事！

本书公开了伟大教师们的秘密，并且循序渐进地帮助实习生和新教师们树立职业信心，磨炼职业技巧，从而使他们成为教室中出色的实践者。

本书提供了成为一名卓越教师的基础知识，将最基本的现代学习与教育的理论，与经过多次实践的教学方式相融合。它基本上涵盖了从你得到第一份工作，并开始积累自己的教学经验之日起，所需要知道的每一件事。

本书向你展示了如何驾驭一整套简单但行之有效的技能，将从事教师职业的标准化知识转化为你在教室中的亲身实践与切身体会，并为你提供了一些你之前或许碰到过的问题的实证。另外，本书还解密了为什么那些最优秀的教师能够凭直觉知晓并行动，以此来塑造那些渴望学习的学生，或者爆炸式地提升自己的新技巧。这本书的结构清晰明了，分为小篇幅、易消化的单元，为读者提供明确、直观涉及方方面面的教学建议，包括：

- 为什么要从事教学工作
- 教师培训的申请和应聘过程
- 帮助学生获得进步

- 规划、差异化和评价

- 行为管理

- 在课堂上高效地运用语言

- 组织和管理家长会

- 成为一名高效的教育者

- 如何进午餐

本书结合了大量的激励和反馈意见，以及在大范围内经过实践的例子，向那些刚刚开启自己令人振奋和回报良多的职业生涯的读者们提供专家级的指导，引领他们成为一名出类拔萃的教师。

本书综合了每一位教师都需要知道的精辟观点，例如学习、教育方法、评价和行为管理等；此外，针对不同方面，作者通过关键要素的引导，能够让读者在针对不同的个体进行教育的过程中迎接挑战。本书将基础性的教育学习理念与充满乐趣的活动、策略和技巧巧妙地结合在一起，以确保大家能够在各自的课堂中获得成功。

序 言

本书阐述的主要内容是什么，同时它是写给谁看的呢？

我们当中的大多数人都视自己的教师工作为引以为傲的职业。

在很多假期里，我们因一些肥皂剧、情景喜剧、烂电影和沉闷的新闻节目中的教师角色而被周围人开玩笑，但我们要把这一切都抛到九霄云外，因为我们并不觉得有必要为自己所从事的工作辩解，尽管我们心中始终保有一种持续的、带有腐蚀性的和被低估的感觉。

我们一直都很清楚，我们时刻处在公众挑剔的目光之中，本身也是教育工作的一部分。

我们并非为自己辩护，也无须向任何人说抱歉，我们只是简简单单地喜欢教书而已！

不管是作为一名普通的教师要把时间花在给学生上课上，还是作为一名有经验的领导者要关注学校的管理，我们都要把教室当作一个神圣不可侵犯的地方。我们多么希望将学校之外那些疯狂而不可思议的事情，全部屏蔽在外，只是安静地教书。

可事实上，我们认为教育涉及的事情，实在是太广博无边了。

这就是本书的出发点。我们这样一群散布在整个英国的教师和教育领导者，可否把我们期盼拥有的书带给各位读者呢？至少这是我们刚开始踏进教育这座秘密花园之时，就梦想拥有的书籍！

　　当然，这些年来出现在我们身边的书籍可谓汗牛充栋，特别是现在，各类书籍更是层出不穷——纸质书、电子书，加上博客和推特……浏览互联网的时候，你很难不受到关于某一节或优或劣课的诸多反馈的影响，你会对某些教师极力鼓吹的某种特殊的教育方法感到迷惑，或是对某些专家提出的那些时尚的教育观点不得要领；还有那些对教育管理发出的种种抱怨以及附和的声音，着实让你心烦意乱。

　　其实我们并不想强迫你觉得没有我们的建议你就寸步难行，因为在这之外，总是有太多的人时刻准备着把他们的建议和指南，迫不及待地塞给那些经验尚浅的年轻教师们。

　　但是，我们想要做一些与以往不同的工作。我们从长期以来收集到的作为一名教师所必备的知识当中，提炼出精华，并整理成易于阅读的文字，以必读教材的形式出版。这些经验是权威的、值得反复阅读的，它们具有实用性而且深深地植根于每天的教育活动中。正如我们说过的，这些可不仅仅是一名顾问或者是建议者可以轻描淡写提出的建议。

　　我们一直在不停地写作，换句话说，在很久以前，那些在教室里上课、参加集会、观摩课堂、浏览工作计划以及对付顽皮的学生（有时甚至是淘气的老师）的时候，我们就已经开始了写作的准备。

　　我们相信，这些工作帮助我们积累了来源于现实里、学校中的一系列与众不同的真实体验，同时，这些体验也包含了每天、每一处我们在学校内外工作着的场所。

我们希望提供一段毫无保留的文字记述，来帮助大家成为一名卓越教师。当然，我们每个人都相信，教育本身就是一项建立于乐观主义基础上的职业。

尽管外面的世界是严峻的，充斥着不少负面新闻，但在我们的教室中，我们仍然能够编织出一套魔术，给予孩子们美好的意境，教会他们正确的行为方式。我们可以让自己和面前的孩子们都感到安心：相信我们在一起，就可以发现世界更加美好的那一面。

要是你觉得上面这段话不着边际，那只是因为你还没有见识过足够杰出的教师。

就像罗伊·布拉切福德在他描述的卓越教师们的成功清单中所说的那样——布拉切福德本身就是一名独一无二的教师，现担任英国国家教育信托委员会的主任：

> 最优秀的教师在内心都是一群孩子！
>
> 坐在最好的课堂中，你根本不会想着要离开。
>
> （罗伊·布拉切福德《2012年教师课堂标准》，出版社：Sage，2013）

我们希望更多的孩子都可以体验到这样的一些课程——一间具有不同时代感的教室，在那里，世界可以拓展，也可以聚焦；伴随着教室以外的世界风云变幻，这个世界里的兴趣、时尚和激情也在潮起潮落。无论他们的背景如何，在这里，每个孩子的大脑都被全新的体验、思想和创意所点燃；无论他们的体验距离现实世界有多遥远，在这个教室中，只要成年人对一些事多一点关注，就可以以他（或她）的表达或行为的方式，与这个世界生动地交流沟通，让孩子们感受到更多的呵护以及无尽的关注。

我们需要更多这样的教室，我们需要有更多的教师们站在这样的教室当中！

因此，这就是我们开始着手的工作的目的所在：去创作一本可以帮助你成为卓越教师（如果你愿意与我们分享教学工作中的精神与道德体验的话）的书籍。我们充分运用自己的经验，然后"强加"上了一些"官方"文件，比如说《国家教师标准规范》，写下一些我们希望你们可以非常方便运用的东西，同时，这些经验也得到了真正的教育基本理论的支撑。

这样的话，读者们就能够有一本书来帮助自己解读《国家教师标准规范》，让这部准则真正应用到你的日常教学过程中去，我们还将告诉你如何达到或者检验那些标准规范。这些经验，对于你在职业生涯当中成长为一名自信的教师是不可或缺的。

但我们还希望做得比上述更多的是——向你们展示卓越教师们在教育行政部门的检查清单以外，所能够做到的那些并不容易的事情，这些事情都是来源于真实教学当中的——他们让学生们爱上了学习，并且为获得了新的知识和技能感到振奋。

你可能已经注意到了，如果你想要教好语文、历史、数学、外语，或者是科学等学科，那么我们希望你能看到这本书，因为我们认为要成为一名卓越的教师，有两个重要的维度都要去满足。

首先，你需要熟知你的学科——从真正意义上了解它。根据很多信息来源，我们了解到绝大多数的高效能教师，都是他们所教科目和研究领域的专家。当然这并不等于说，你得了解与这个学科有关的任何知识。事实上，即使是这些经验丰富的专家，也会常常因自己储备的知识有所欠缺而烦躁不安！正所谓"了解得越多越觉得自己无知"的道理一般。不过正因为如此，他们对于新知识的渴望、热情才会如此强烈——正是这样乐观进取的性格，注定了他们的杰出，并不断地激励着我们要以他们为榜样。

由此，我们了解到专业知识的重要性——可不仅仅是能够胜任教授那些高年级的学生，对于那些教龄达到七八年的教师来说，也同样重要。于是你才可以知道自己现在需要去教什么，而目前又可以不在意什么。

我们也相信，专业知识远比那些来源于某些关键时期或者关键概念中肤浅的灵光一现，更有实质性的内涵。它也许包含了对学科逻辑更深层次的理解，可以帮助我们将很多观点和想法联系起来，进而去开拓复杂的领域，去发现细微的差别。同时，它也会告诉我们在学习一门学科时，如何判断和抉择知识体系中最重要的关键内容。

杰出的教师能够感知到这一点，而且通过多年的磨砺，他们建立起自己的一套经验，并不断磨炼着教学的技巧，这就是为什么我们在英语、数学、历史、外语和科学方面的专家书籍能够不断推陈出新的原因所在。这些书籍不但可以帮助你对自己的学科专业知识不停地思考咀嚼、举一反三，而且能够让你在教室中采取多种多样有效的教学技巧时做到游刃有余。

它们可以让你从理论联系起实践，从学术过渡到方法；它们可以告诉你，在你的专业成长之路上有哪些艰难困苦是不可逃避的，它们还可以充实你的知识储备，让你谨慎地做出规划，选择明智的策略——所有这些，都可以在目前的教学过程中给予你有力的支持。

基于以上考虑，最终这本书得以面世。它可以被视为你的核心教材，同时我们还认为，就算你是一位宇宙中最先知先觉的科学家、语言学家或者是数学家，也不能代表你就能成为一名卓越教师。

这是因为，杰出的教师们还在做着对他们专业知识有支撑或补充作用的工作，近代伟大的教育者迈克尔·马兰德管这些知识叫作"教室中的技艺"。那些最优秀的教师了解而且能够凭直觉运用这些技艺，但对那些还在门外观望的外行们来说，对那些才刚刚开启自己教师生涯不久的新手们来说，这一切看起来是那么神秘和难得，就如同魔术一般。

它们同样还包含着那些在常规培训中所不能充分涵盖的各种知识和素材。

我们现在正在讨论的是如何打开一扇教育的"大门"，了解我们该站在哪里，了解如何对那些顽皮的学生说话，了解当你感到自己正处于忧郁情绪最深处的时候该如何拯救自己，了解如何把自己从无数个通宵达旦的备课和没完没了的注解中解放出来——所有这些可怕记忆，似乎都想告诉你入错了行当。

这本核心教材正是为你而设计的，不管你是正在中小学、高校或者是在一个PGCE（教育学研究生）课程当中接受培训，还是正在接受专家的指导和建议，它都说明了你需要更大程度上的技能和知识提升。我们希望书中的观点、方法和建议可以对你的胃口、解决你的困惑，而且可以让你收获信心。

　　我们希望此时推荐的这本书正是你想要阅读的书籍。在你按照它的方法进行训练时，你还可以反复地阅读它。从你翻开本书的第一页开始，到你能够彻底摆脱最初的无所适从感，再到你最终可以羽翼丰满地翱翔在教师职业的天空中，我们都希望这本书能够陪伴你，并带给你这样的感觉。

　　这就是这本书创作的深意所在！

　　此外，通过通篇的写作，我们非常清醒地意识到，你我一样时间都太过珍贵，因此我们打定主意以一种便于阅读的方式来撰写，尽量传达一种确定的意见，偶尔会夹杂一些带点反驳意味或者主观臆断的词句。我们可不想只做一个温和的好好先生：对我们来说，教育是如此重要的一件事情，可别让生命凋零在那些毫无色彩和活力的教育空话之下。

　　这就是为什么我们以短段落、短章节的形式呈现本书。除此之外，再不时地加上各种反馈和讨论的观点，以及来自经验丰富的培训师和老师们的注解和评论，等等，目的就是能够彻底地打造出一本实用的工作指南，对你们目前的教学有所帮助。

　　最后，感谢你们选择阅读此书。我们非常乐意听到你们关于如何在早期开启自己职业旅程的故事，我们衷心地希望此书能够在你开启未来辉煌而壮丽的教育职业愿景的过程中，为你指点迷津、把握航向！

　　　　　　　　　　杰夫·巴顿以及萨利·阿兰、迈克·亚松、

阿莱克斯·奎格雷、汤姆·谢林顿和茱莉亚·厄普顿创作团队

你是谁

你好！让我们先来告诉你，我们想象中的你是谁？

我们想象中的你，或许是一位正在犹豫是否要从事教师职业的人，你正被"做教师"这个念头弄得心里发痒，却又担忧决定要成为一名教师，是不是一个正确的选择。

或许你已经被很多人告知，是一名杰出的教师，但你还不是那么确定。从公众形象、工作压力、工资待遇或者是社会地位上，你对教师这个职业仍然感到不是那么自信，因此当你在面对那些被社会媒体描写得任性、不负责任、不服管教的年轻人时，并不确定自己是否有能力管理好他们的行为。

或许你已经了解某些教师——坦率地说，你会在心里嘀咕：我可不希望像他们一样，以这样的方式来结束自己的职业生涯。

或者你发现自己无法从教师这种充满了许多不良压力、承载了过多不切实际的期望的工作中摆脱出来，你甚至希望除了有限的假期之外，还能够有一点自由支配的时间，可以在学校外面挣点外快以贴补家用。

说心里话，我们这本书不是写给那些已经有四年以上教龄、视教学为自己职业生涯的老师们看的。如果这其中不包括你的话，我们非常欢迎你阅读本书，甚至我们还建议你购买更多的书分送给家人和朋友。实际上，我们非常推崇大家这么做。

教龄很短的这个群体，其实是一个摇摆不定的、不太稳固的和犹豫不决的读者群。不过正因为如此，我们恰恰对他们非常关注，也很感兴趣。

为什么呢？

因为这使我们想起了许多年前的自己。

因为我们相信你正好就是那一类在教学上有追求的人。

有些时候我们觉得身边的杰出教师似乎并不是那么多，我们需要更多有教育责任感的人们加入到我们当中，和我们并肩战斗，帮助年轻人为承担未来世界的重任做好准备，这件事看起来可远远比我们刚刚离开学校那会儿的想法要复杂和艰巨得多！

我们需要给予他们技巧和知识，而且更为关键的是，我们还要给予他们价值观、灵活性和领导力，这些东西可以让他们这一代人为这个世界做出比我们这代人更大的成就。

我们需要老师们都能够意识到这个任务刻不容缓。这个任务，与一位教师想把自己锻造成多么杰出的教师并没有多大的关系，同样，这个任务与一位教师能够培养出多么出类拔萃的学者也没有直接的联系。

我们需要做的这一切，通常是在教师们长期忍受着言语中伤的背景下完成的，我们通常被人们形容为"只会说，不会做"的一类人，甚至还有太多太多的政客认为，干涉或者调停那些发生在教室里无休无止的争端，是政治赋予他们的权力。

所以我们真诚期待，能够有新的教师加入到追求卓越的教师行列中来！你们在学校中默默辛苦地工作着，现在，我们需要你们的加盟！

以我的经验看来，有两种类型的卓越教师——一种是那些永远知道自己应该如何去讲课的教师，他们会更多凭借自己的本能和天赋，我们不是这种类型的老师。而另外的一种类型则是"敬天畏神型"的，他们看重教师职业的责任乃至于如履薄冰。有时候，他们会被其他的一些职业所诱惑，但是最终他们选择了教师这个行业并坚持下来，磨炼教学技艺，并成为其中卓越的一员。

我想，这就是你吧！而且，我也同时在想，其实我也是这种类型的教师。

话 题

● 对你影响最大的一名教师是谁？——不管是正面还是负面原因。

● 在你的学校中，哪位老师是你最想以其为榜样的？为什么？

我是谁

写下这三个字的那天，正好是我51岁的生日。随着年纪的增长，你身边总会有一些你无法预料的事情发生。你开始习惯于四季的更替，甚至开始对它们心存感激。当你在多年以前毅然决然地决定离开故土之后，如今的你却犯上了乡愁病。而你越来越感到生命短暂，时光却如流水般消逝再不回头。

在生日的当天，写下这些文字，总是一件特别有意义的事情。

所以今天我在写这些东西的时候，我的思绪回到了在学校工作的那段时光，当时我想要做的事情。

我的兄长之前在当地的语法学校工作，这类学校可以说是英格兰综合教育中"塔尖"式学校，因为这个原因，我逃脱了11+考试而顺利地进入当地这所闪亮的学校。

必须说明的是，我母亲似乎从来不是特别认同这所学校。这所学校的名字叫作沃尔顿综合学校，我私下认为是因为它的英文首字母缩写"WC"给我母亲或多或少留下了不太好的的印象，但对我而言这学校的教育是非常棒的，特别是由于我有两次偶然的机会能够得到一位独一无二的英文老师的教诲。

萨姆森先生在我还是一名年轻而紧张的七年级学生时就开始教我，在那之后又在我六年级时教过我——我们那一帮乱糟糟地摆弄着绝对平庸水平的音乐却不知天高地厚的学生，成天想要离开学校去成为下一个广播一套节目的早餐DJ（很自然，我失败了），于是被降到了中学六年级。

直到那个时候，我始终认为教书是我最不可能胜任的工作。在那段时间里，这种观念因为无情的事实而不断地变得根深蒂固，我的人生也正处于非常低潮的谷底。

当时萨姆森先生就像很多善于鼓舞人心的教师一样，挥动着令人惊叹的"魔法棒"。他对我所做的一切，在那以后，我曾经上百次地在杰出的教师们那里看到。他使那些复杂的事情变得不仅仅是更简单了，而且也更让人信服了。

我突然发现，莎士比亚是我可以从中学到很多东西的人；面对晦涩难懂的18世纪诗歌，我一下子变得不再会屡屡犯错了；那些曾经令人生厌的厚重小说，则通过老师充满技巧的教学、目标强化和跟踪反馈，而变得连我也可以掌控了。

是的，正是从那时候起，我突然非常渴望成为一名教师，或者再说得特别一点就是，我想要成为萨姆森先生那样的教师。

这就是我开始从事教育事业的故事。我获得了一个绝对完美的A（成绩），这让我顺利地被兰开斯特大学所录取，在此我出乎意料地发现自己是如此热爱自己的专业，于是在那以后，我顺理成章地在兰卡斯特大学完成了教育研究生的课程。

我发现自己不仅仅可以教书（尽管教书谈不上出类拔萃），而且更重要的是热爱教书，这一点支撑着我始终在从事这项职业，直到如今。

就算在今天，我已经成为萨福克郡一所庞大而著名的高级中学的校长，我仍然会发现如果主要日常工作中没有实际的教学，对我来说是一件难以想象的事情。

因此，现在的我仍然坚持在一线教学——今天，我就在为两个A级水平的班级教授英文课程，其中一个班级是十一年级，另一个是十年级。

这么多年以来，我花费了大量的时间来上课，观摩了上百位教师的课堂，他们当中有很多人是非常优秀的，有些也的确教得很糟——通过这样的观摩过程，我发现了成为一名卓越教师需要更多的东西，甚至我从那些庸常无为的老师那儿学到的东西，也许并不比从明星教师那儿学到的更少。

我从未自诩为优秀教师，也并非以这样的身份来写作本书，我也知道自己还算不上出类拔萃。只是我还保持着永不止步的进取心，还保有帮助其他教师的激情——不管这些老师是初出茅庐的新手，还是深谙此道的老兵——我都希望和他们共同进步。

这就是我对自己的描述。

我希望可以通过这样让你们能够找到本书上下文的核心"语言"，因为我可不是仅仅为了给老师们提供一点幸运红包而已。

相反，我希望能够为你们提供一类我曾经想要拥有过的书籍——似乎就是身边经过的某个人所写的，他和你一样，曾经在不同的城市和村镇里"真正的"学校中工作过，教过"真正的"学生。谁又会了解那么多呢？事实上，即使在教书30年后，你仍有可能会度过倒霉透顶的一天，亦或拥有非常完美的一天。

我试图用本书帮助你成为一名高效能的、充满灵感和思维敏捷的教师，能够把自己的教师职业做得风生水起！

希望你能喜欢它！

■ 话 题

● 你在学校里的经验与我的经验有哪些相似之处？

● 假如你正在白手搭建自己的学校，那么哪三种要素是最重要的呢？

如何阅读本书

我怀疑，最初翻阅这本书时，那些看上去有些"离奇"的章节标题会让你觉得不可思议，但是我也能够想象你看到它们时的神态，我相信那些章节是值得你读出声来的。

我猜想，尽管你可能是以通读的方式开始阅读本书，你也未必能马上就抓住书中的各个要点——它们涉及教育科技的方方面面，其中重要的部分包括如何坚定立场，如何阐述事情，如何将你的学生培养成为一个更加独立的思考者，等等。

我还在猜想，你在开始接受培训之时就渴望读到一些有价值的文字，甚或在你申请接受培训之前就有过这样的想法，那么，很自然地，当你的培训进行到如火如荼之际，自然就会想到要去阅读乃至反复阅读其他的一些文字。

我就是以这种方式来想象本书是如何"起作用"的——或许某一天它会以一种陈旧的、多余的、充满了现在看来显而易见的反思，甚至是以居高临下的方式来打动你。你会在它的帮助下成为一位高效能的教师，而不再受到教条的羁绊，就像在《玩具总动员3》中的那个玩具盒子一样。仿佛别人寄存了那样一个玩具盒子在我们的床下、碗柜里，或是在某次慈善义卖活动中。在这样的情况下，我们总是希望能够顺利地完成任务——你可以从书中获得你想要得到的东西：那是一种交织着安全感、人生观和准则，以及工作现实、讲求实效和实用经验的混合型知识。

不过，我们还要告诉你另外一条关于如何阅读的建议：我们主张你以积极的态度来阅读。也就是说，你可以在文字下面画线标记，打上星号，折个书褶，做各种各样的笔记。

除了你在培训中要做的所有准备工作之外，我特别建议你在开始教授更多的课程之初，要养成记日记或者是写随笔的习惯。我可不是在告诉你如何写博客——我倒不建议你把这些个人体会当成一般经验来公诸于众——读者的感受最终必定会影响到你当初真正想要表达的意思。

当开始训练自己的教学技能时，你就开始在自己的职业道路上经历各种坎坷不平了，你需要精神上的空间来小憩、反思和回顾。

我建议这本混编的专业教科书，可以再加上一本日记、一个笔记本或者干脆是一段word文档，这些东西可以帮助你成为教师中的一个"富翁"。记住，要提醒自己每天无论如何都要写上几行——哪怕只是一小段文字，一个想法，一种感受，这会让你成为一名更善于反思的教师。将来当你回头重新拾起你某天所写下的文字时，你会发现它们时而迷人、时而尖酸、时而困窘，这就是你的真实感受——这些文字所反映的，是你内心中那个更年轻、更有激情的自己，这一切都是你在学习和进步的过渡阶段的真实记录。

因此，这就是我想要推荐给你的关于如何阅读本书的方法，也就是说，你该如何踏上让自己成为一名卓越教师的征途。

- 所以，你是否准备好了？——养成随手记录反思笔记的习惯。

- 如何准备才好？接下来，怎么做到呢，又应该从那儿做起呢？

PART 1

第一部分

在开始教学培训之前

下定决心成为一名教师是人生中的重大一步，我们中的有些人在学校时就已经意识到了这一点。一旦接受过某一位杰出教师的教导，我们总会有些想法希望要成为那样的人。

而其他人呢？可能一直被一些水平庸常的老师教导着，他们做出这样的决定可就不像我们这样明确了。

此外，教师职业的一些特质似乎总和什么东西有关，或许只是不想离开平静的校园，或许只是不愿淡忘自己的良知，不管这些究竟是出于好的或是不好的原因。

我有一位好友叫伊万·吉尔伯特，他写过一本叫作《当我已经拥有谷歌，为什么还需要一位老师？》的书，这个书名的确很抓人眼球。

但不容置疑的现实是，我们依然需要教师，我们更需要卓越的教师，需要更多的杰出教育者。

因此，下一个简短的章节就是用来帮助你明确，自己是不是已经下定决心开始从事教师这项艰巨卓绝的职业，并且决定沿着这条道路一直走下去。如果是这样，那么在这项高尚（通常还很容易被人所误解）的职业当中，你应该选择什么样的路线前行？

请牢记着：你的教师生涯将从此开启！

1

HOW TO KNOW WHETHER TEACHING IS THE CAREER FOR YOU

如何才能知道教师是你职业生涯的正确之选

教师这个行业，并不总是能够在社会媒体那里得到正面的报道，那些在一线教学岗位上奋斗的人们会经常发现他们并不那么受爱戴和感激。或许这个行业的特性，注定就是要频繁地被媒体或政客们所误传误导。我们察觉有太多太多的社会问题——从年轻人失业，儿童肥胖症，到反社会行为，乃至于电脑程序员的稀缺，竟然全都归咎于学校教育。这种指责就好像在说，如果你们这些教师能够把课讲得再精彩一点的话，那么童话中的故事就会上演，世界就将变得无比美好。

这样的结果，导致教师都变成了尖酸刻薄且自我保护意识超强的群体。

那些非教师职业的人会看到一些常规性的新闻报道，诸如我们的教育水平正从国际联盟的排名表中滑落，或者是我们的学校如何看起来就像回到了未开化的笼养时代，学校里那些倒霉的教师们正拼命却又徒劳地与校园里面捣蛋分子斗智斗勇。其实这也没什么可以责怪的，他们之所以这么想，核心问题就在于，社会一直认为教师应该是一群十全十美的人。

而现实是，哪里都有好学校和差学校，每个学校里面也同样有好老师和差老师，这与律师、医生、机械师、经纪人和政治家等职业一样，并没有任何不同之处。

因此，如果你想要成为一名教师，那么你得先把自己从教师的众多刻板形象中剥离出来。随心翻阅这本书，看看书里面的教师们是怎么讲述他们的工作的——我曾与上百位老师通过访谈交流过这个问题。他们中有些人刚刚开始自己的教学生涯，有些则是顶呱呱的老手了；有些人是高中学段教育专家，另外一些人则擅长于教A级水准的学生。他们都是活生生的人，日复一日地从事着自己的本职工作。

了解一下他们的观点然后看看你自己的反应：他们所说的这一切，是否能够吸引你将教师作为终身职业，或者是干脆让你打消了这个念头！

我请他们分享了以下几个问题：

- 他们因何缘故喜欢上这份工作？
- 工作中让他们感到困惑和挫败的是什么？
- 对一名要登上教师航船的人，他们能给出的一条建议是什么？

他们对上述问题的阐述将分散在本书的每一页中，我亦为他们的坦诚和活力所深深打动。

这些富有实践经验的教师们所提供的阐述带给你的第一印象，将在你思考为什么要做教师以及它是否适合你等问题的过程中，为你提供更深刻的感悟。

话 题

● 这些阐述中最吸引你的是什么?

● 哪些话最能说到你心里?

● 是否有让你感到灰心丧气的话语?

● 是否有让你感到惊奇不已的词句?

● 如果一定要让你说你成为一名教师的两个主要原动力的话,那么
它们是什么呢?

SO, WHAT ARE YOU
WORRYING ABOUT

2

那么，你在担心些什么呢

每个人在决心开启一项新职业之前，难免会焦虑。

教育，看起来似乎承载了更多不同类型的焦虑和担忧，因为它并非你具备了知识或者技巧，就可以胜任这个职业。你每一天都需要面对自己所教的每一堂课的评判，特别是需要面对自己所教的学生的最终评判。

一想到这些，势必会让一位准教师在开始自己的职业培训前又平添了些许不安。在他们开始上课之前，在每个新学期来临之际，甚至是新的一周到来之时，心中都会惴惴不安。其实，这其中有一个鲜为人知的小秘密就是——几乎每个老师天生似乎都有焦虑的倾向。很多时候，媒体经常把我们描述成容易自满的空谈家，每年还可以享受几个假期；要么至少被他们描述成一类神经兮兮的群体，这是怎样的一种感受啊？！

凭以往的经验，我们知道很多教师从心理学上讲有一个非常显著的特征，那就是始终无法驱散内心的焦虑，特别是在周日的晚上或者是在假期最后几个度日如年的小时里，这种焦虑的情绪会到达顶峰。

就算是我们当中那些在很多学校待过、带过很多班级、教了多年书的老手们，仍然会清楚地感受到这一点——这种情绪甚至会闯入我们的梦境，我们担忧课堂已经失控，或者是别人正在嘲笑我们，要么是本以为十拿九稳的事情却发现自己一无所知或者一筹莫展。

这就是深藏在教师心灵深处的焦虑情绪。现在你可能还知道，即使一位最优秀的演员，他其实也会持续地承受着不同程度的怯场一样，因此，一位最优秀的教师担心自己的课上得如何，同样也是一件非常正常的事情，有的时候这种焦虑沉重而又难以克服。

因为深怀忧惧，我询问了一组PGCE的培训者，请他们在开始训练的时候罗列一张问题和焦虑的清单，这项工作在培训刚开始的时候就做了，我同时也让另一组学校的老师做了同样的功课。

我借助这些调查结果中的一组问题来搭建本书的结构，下面就是那些准备步入教学生涯的人们正在担心的事情。在本书的末尾，我会再回到这些问题上来，并对他们做仔细的审查，以保证每个问题都被我们关注过。

从现在开始，把这些问题浏览一遍，看看其中是否有让你特别感同身受的地方。

1. 假如我走进教室时学生们哄堂大笑，我该怎么办？

2. 有什么好办法能够增强我的自信心？

3. 有什么好办法能够让我快速记住每个学生的名字？

4. 在申请职位之前，在个人陈述中最好写些什么内容？

5. 设计一个工作表格的最好方法是什么？

6. 我怎样才能写好一个课程计划？

7. 对于我自己的信仰和兴趣爱好，我能和自己的学生开诚布公到什么程度？

8. 如果我没有一个文件分类架，该怎么办？

9. 学校里会随时提供我不可或缺的咖啡吗?

10. 第一天上班我该穿什么才得体?

11. 如果一名学生告诉了我他的一些隐私,比如说他在家被虐待,我该怎么做?

12. 在工作面试中我可以大胆地提出自己的期待吗?

13. 我需要多长的时间才能够独立地完成教学工作?

14. 如果我不喜欢我的导师,无法与之共事,又或者是迷恋他,我该怎么办?

15. 在迷惘的时候我该怎么办?

16. 当我在工作中遇到困境、挫折或者是拖了别人后腿的时候,该怎么办?

17. 如果学生试图在微博、微信等社交媒体上加我好友时,该如何回应?

18. 如何才能快速提高自己的薪水待遇?

19. 如果我在一所非常好并且社会评价很高的学校里实习,之后却被一所社会评价不高的学校录用了,我该怎么办?

20. 如果我的导师在专业知识方面出现了很多错误,我该怎么办?

21. 如果我的专业知识明显不足,我该怎么办?

22. 如果我在自己的头几节课上就被学生取了难听的绰号,我该如何处理?

23. 如果某节课我上得很糟糕,孩子们认为我水平很低,我该如何改变我留给他们的印象?

24. 我如何界定同事关系和朋友友情？

25. 我如何在教室之外提升自己的教学技巧？

26. 在学校里我应该如何穿着？

27. 我如何才能写出有效的教学目标？

28. 我如何保持工作和生活之间的平衡？

29. 假如我在全班面前突然变得慌张甚至是紧张不安，我该怎么做？

30. 对于课堂和课间的暴力事件，我该如何处理？

话　题

● 哪三个问题最接近你现在的心中所想？

● 哪三个问题是你最不在意的？

● 你自己愿意加上一些什么样的问题呢？

● 教学活动中我喜欢哪些方面

　　无疑是孩子们！当他们跟你说"你的课上得真棒"的时候，那么这一天就会无比美好！当他们为自己所取得的成就感到骄傲时，你自己是多么的欣慰啊！当他们谈论一些有趣的话题或者是随意做其他有趣的事情时，你会情不自禁地看着他们微笑！

HOW IMPORTANT IS
TRAINING TO BE A TEACHER

3 接受教师培训有多重要

教学是一项需要天赋的技能。

很多年以来，这里我是说几个世纪以来，以我们作为学生的经验来看，我们能够在某一门科目中碰上一位杰出的教师，似乎完全依靠能够中彩票一般的运气。

我们当中的很多人都发现这样一个事实，那就是当我们对某一门功课特别感兴趣，或者特别擅长的话，其原因往往是我们在这一门课中碰到了一位特殊的老师，他把这堂课上得生动无比，从而让我们很多人最后爱上了这门课程。我自己就是因为在英文课上碰上了一位能激励我的好老师而对它情有独钟，正是这位老师让我觉得自己可以学好这门功课，并且在我的心里播下了一粒种子，让我努力地把自己的英文学习保持在较高水平，并最后选择了它作为我一生的专业。

试想一下，如果之前给我们上课的是一位自以为是的、坏脾气的、颓废的或者是呆板的老师，结果又是如何呢？

我们中的绝大多数老师都需要经过专门的教师培训，并因此获得教师资格证（QTS）。如果此后大家就能够尽情地在教室里发挥自己的才干的话，是不是能够说明这样的训练是有价值的？或者说最好的教师不是天生的，而是可以后天塑造出来的？

自始至终，有关优秀的教师是否需要培训这个问题就一直是争论的焦点问题，同时也包括他们是否真的需要一份正式的资格证书。

最近我恰好读到了这样一篇文章，是贝克郡威灵顿学院的校长、顶尖教育家安东尼·赛尔顿先生发表在英国《卫报》上的：

教师的角色有时候和家长非常相似，但很遗憾的是，从整个世界范围来看，我们的社会通常不是将教师塑造为家长类型的人，而是打造成一名没啥人情味儿的公务员。没有什么工作比父母般的关爱更加重要的了，可是至今也没有人建议父母或家长到大学校园里参加"如何成为一名合格家长"的课程。父母在养育孩子的过程中，通常是自学自用，其实这也是锻造一名卓越教师所要遵循的正确道路。

在家庭教育和学校教育之间有一个最基本的不同之处，前者是可以自主选择的，而后者则受到专门的知识和经验的限定。我是在出席新加坡管理大学主办的一次关于"教育的明天"会议中写下这些东西的。参加会议的校长来自全世界的不同学校，从州立到私立，横跨各个年龄阶段。我们高度一致地认为，杰出的教学是有些教师与生俱来的天赋，而另外一些人，就算你把他锁在大学里长达10年之久，也无法具备这样的才能，我们中的大多数人都可以在几分钟之内分辨出某个人是否"具备"或者"缺乏"这样的才能。

（安东尼·赛尔顿《教育就像是家长的关爱：你并不需要去获得一张资格证明》，《卫报》2013年10月28日）

对此你有什么样的想法？如果你已经做好准备，准备踏上教师职业之路大干一场，那么在看到这些关于"教育与父母关爱的某些部分非常类似"的信息时，你会做何反应？是不是觉得需要花时间学习教学技巧的说法过分夸张了？

那么这个比喻是不是一定正确呢？教师的角色真的就与我们所期盼的家长角色很相似吗？而且，就算事实的确如此，难道就真的没有哪位家长是接受过专门训练并从中获益的吗？

想一想那些真正影响过你的才华横溢的教师们吧！这同样也是一个典型的案例，让你在几分钟之内就可以想明白：他们到底是天赋异禀还是深藏着不易发觉的精妙技艺。

当然，我30年的教学生涯已经让我明白，纵然的确存在着那么一些"本色"教师——他们踏入教室伊始就可以自如而权威地讲课，但除此之外，绝大多数的我们还是要通过一系列的培训课程或计划才能取得进步和提高。这当中融合了理论上的基本知识，对其他众多教师的观摩，以及来自很多自己亲身实践所学知识得到的体验。

那些最优秀的教师会在他的整个职业生涯中不断地反省自己，就算他们知道这项工作中的某些部分必然是徒劳无功和毫无意义的，他们同样也会在等待结果的那天，像热锅上的蚂蚁一样坐立不安；他们也会担忧是不是有某些人可以把工作做得无可挑剔，还会成天没节没完地琢磨自己是否能够再把某节课上得更完美一点儿。

现实中，这正是卓越教师们所做的事情——培训不是无关紧要的事情，不是"亡羊补牢"的产物，更不是额外的可选择项。你所获得的那些可以证明自己参与过职业课程培训的资格证书，并不是无足轻重的文件，它的重要性甚至不亚于这样的情形：当我们准备雇佣一名律师或者一位牙医的时候，必须查看他们是否学过法律或者是否进过牙科学校。

你将会发现，接受培训是教师工作的基础，这项任务的核心，就是让教师懂得如何才能够更好地阐述、评价以及指导学生学习。

📖☃ 话 题

- 你同意安东尼·赛尔顿的那些观点吗？以你的经验，杰出的教师和家长的角色是否相似？
- 你是否能在几分钟之内判断出某人具备教书的天赋？如果可以的话，那么这个天赋具体是什么呢？这些人身上又是哪些信号道破的天机呢？

HOW DO ADMISSIONS TUTORS VIEW PROSPECTIVE
APPLICANTS FOR TEACHER TRAINING

4 招生导师如何看待针对教师岗位申请者的培训

为写作这本书，我专门与来自一家英国顶尖PGCE学位机构的招生导师交谈过，这家机构专门提供基于大学学习基础的教师培训课程。我询问她在招生过程中的看法：在寻找未来教师的过程中关注的焦点是什么？

下面一席话来自这位导师：

我想象的到，当学生们在申请PGCE课程的时候，他们会去权衡和评估申请其他课程时可能得到的类似建议。

他们的申请报告需要让阅读者确信他们能够全身心地投入到教师这个职业当中，他们需要花费大量的时间与所教的孩子们经年累月地待在一起，他们必须热爱自己的工作，他们必须要对学校生活究竟是什么样子有清晰的认识，他们还要考虑清楚自己为什么想要教书，为什么要教那一门自己所申请的科目。

也许在这之前他们就已经考虑过是什么原因促使他们立志成为一名优秀教师，以及为什么教书可以带给他们满足感和成就感。

它并不需要华丽的修辞手法或者是通篇的专业术语，它需要的，只是成为一名教师所需要的发自内心的兴趣。在教师培训中，一些学生讲述了自己的故事来阐明这个观点，一些学生则详尽地解释了PGCE作为一门课程深深吸引着他们的地方，这些都是表达他们已经过慎重考虑的一种方式，也能够看得出来他们已经选择好了最适合自己的发展道路。他们对于自己专业科目的感受，以及如何将专业知识应用于教学中的前景，似乎也都已经考虑清楚了。

但我并不认为这方面存在任何金科玉律。

事实则是，他们只要通过观摩课堂教学和组织的实际状况，或是直接参与到学生们的社团活动当中，就会发现答案。他们没必要通过我安排类似"砰！砰！开始行动！横渡英吉利海峡！然后长途跋涉穿越撒哈拉沙漠"这样的活动，来证明自己是一名超级英雄。其实，所有类型的人们都有可能成为一名优秀的教师。

事实证明，他们具备（或者不具备）成为一名教师的内在条件（这很大程度上还取决于他们的特定专业），将决定他们说话的底气。在课程中以及未来的职业生涯中，他们的观点和看法会不断趋于成熟。有些事情的发展会偏离他们预想的方向，待到所有事情都步入正轨，也许又到了一个新的起点，应该重新仔细思考下一步发展目标。

这样做，可以使他们不轻易放弃任何一次面试的机会——只要在课程中仍然有富余的时间，他们就可以在这整整一年的课程里的任何时间节点，申请教师职位。

他们在接受面试时，面试官会审查他们填写的申请表里的所有信息是否准确，是否与他们得到的印象相符合——申请人是不是真的愿意从事教师职业，是否已经在培训课程之前积累了与教学有关的足够的经验？这样的话，才能保证申请人从校园生活走进社会时，不至于受到彻底的冲击。

　同样重要的是：他们能够被再教育吗？他们显示出自己具备批判性思维能力了吗？对于他们在未来工作中可能需要的专业知识，他们在获得学位的过程中到底储备得怎么样（而且，一旦上述问题与实际状况之间出现差距，那么应聘者该如何让自己在课程开始之前获取更多的知识来尽量弥补）？

话 题

● 这部分内容哪一点让你感到舒心？

● 哪一点让你感到吃惊？

● 在一次教学课程当中，是什么让你感到它是适合自己的呢？

● 教学活动中我不喜欢哪些方面

　　没有足够的时间去做每件事情。教师行业以外的人们永远不会理解这一点，他们看到的只是短暂的工作时间和假期。但现实是，我永远不会有足够的时间去做任何自己想做的事情！我讨厌这样的感觉。

HOW TO SECURE A PLACE
ON A TEACHER TRAINING COURSE

5 如何才能成功申请一次教师培训课程

在这里，我将以简短而精辟的形式向你提供建议，而且我能够感觉到这些建议将会在你今后的教师生涯中一直发挥积极的作用，甚至包括你在有关学术机构中申请晋升的机会或者转换到一个新的职业角色的时候，也会如此。

这建议就是：一封申请信不会让你得到一次培训、工作或者晋升的机会，它只能给你带来一次面试的机会。

这也就是说，在你的申请信或者应聘表格中，你没有必要把面试学校需要了解的任何有关你的情况全部罗列进去。很多时候，他们会在面试时通过了解你的教育背景自然获知这些情况——比如你中学在那儿读的，你上过什么师范院校、教师培训学校，等等；在你试讲的时候，以及其他更多的与你进行的非正式互动交流中，他们同样还可以获得更多的信息。

因此这封申请信只在一方面是重要的：就是让你得到面试的机会！

所以你只需要用它来说清楚下面几件事情：

■ 你为什么想要做一名教师？

■ 你所教专业当中有什么特别的东西深深地吸引着你和鼓舞着你？

■ 你还有其他什么技巧、经验和能力（资格证）可以带入到工作当中？

　　有些面试官有可能会询问到你在申请中涉及到的其他问题，举个例子，有些人可能会要求你写一堂你自己上过的课，或者某位影响过你的老师上过的课的课后反思，他们有可能会要求你带着这些材料来参加面试。

　　他们还有可能要求你对自己专业现有的课程中的某些方面写下心得体会（通常不会超过1000字）。下面我们以一个基于大学PGCE课程面试官布置的任务作为例子：

　　国家的课程需要修订，一些学校有权力在任何情况下自由选择教育局规定范围内的课程内容。请你在A4纸的一面写下：试想如果学校需要你对高中阶段进行一个课程设计的话，你如何对这个学段的地理课程勾勒出一个大纲？这其中要包含你所认为的适合该学段学生的教学技巧、知识和体验。

　　然后，再用一张单独的纸写一段不超过1000字的话，对你所推荐的课程写下教学反思。面试过程中面试官会预留一部分时间用来与你讨论这些观点，有可能是小组讨论的形式，也有可能是面对面的形式。

　　这样，你就得按照上述要求尽可能做出直接的阐释。如果他们提到字数不要超过1000的话，记住一定不要突破这个上限。上述任务中提到的"技巧、知识和经验等"，你应该运用框架模式来勾画。

　　那么按照这个思路下来，你的A4纸上列出的提纲式文件看起来应该类似下面这样：

姓名：

高中地理：我的提议

基本原理：为什么地理课很重要？

【一段关于重要性和关联性的简要描述】

教学技巧：

【一段话，或者是罗列课程要点，总结可以帮助学生学习和成长的地理教学技巧】

知识：

【同上——知识方面的】

体验：

【简单勾画我们希望学生们获得的专业方面的体验——比如说野外旅行、会议、参观，全天的专题讨论，这些方式都能让我们从固定的教室讲授模式中解放出来，让我们获得突破学校界限与世界连接的体验。】

你的注释和注解要尽可能地与提纲吻合，使用相同的副标题。这样，当你在写反思的时候，就能够清晰直接地与A4纸上的课程提纲一一对应了。

照这样写的话，你的论述会更有条理。它不仅可以让面试者更容易进行阅读，也能让他们的阅读更快更流畅，其中你还可以写一些和自己有关的东西，或是和自己的工作方式有关的个性化内容。这样就暗示你的读者，你是一个有分析能力、逻辑性强、观点精准的人，而且具备令人放心的完成任务的能力，这些都是那些卓越教师所具备的必不可少的特质。你完全可以在你提交的纸质材料中将这一切充分展示出来，它们可以帮助面试官更容易地发现在你身上已经具备的才能，而这些正是他们希望发现的。

📖 话 题

- 开始粗略计划你想要成为一名教师的关键点。比如，一种使命感，享受和年轻人一同工作的乐趣，对能够帮助别人、使他们的未来与众不同这样的工作充满成就感，等等。

- 记下你想要教自己所选专业的特殊感受：是什么让它特别吸引你？为什么它如此重要？它能给你的才能和技巧带来什么帮助？

- 开始记录一些你想要获得的体验：那些能表示你能力的活动，如耐心地与他人共事、教导、同情心、获得尊重，等等。

● 给新教师的建议

学会精明地利用你的时间。如果你发现还需要在医生手术室里等上十分钟，那么不妨带上一本书，尽可能地利用一切时间！

6

在一个获得教师培训机会的面试中，你有什么样的期待

在过去，获得一个教师培训位置的机会是不需要人多竞争的，它通常是这样的一个固定流程：告知什么时候面试——接受面试——离开并等待面试结果。

现在，这个过程看起来似乎更加系统化了，通常要求你必须带上某些材料，或者提前把它们寄过来。比如说，在第5点中所提到的课程规划提纲。你有可能被要求与其他同一天到来的应聘者共同开展一场群组讨论，或者也可能要求你与一群学生们展开讨论。

在下一章里我们会向你提供面试中的具体指导，这样就可以让你获得的难得机会取得乐观的结果。不过，首先让我们来考虑一下在教师培训面试中，你可能会遇到哪些问题。

■问题1：在前面你与其他应聘者或者学生进行的讨论中，你觉得自己表现如何？你如何评价自己在团队中的贡献？

■问题2：你为什么希望自己在专业方面接受成为一名教师的培训？是什么驱使你想和年轻人们一同工作？

■问题3：你认为一名优秀教师需要具备的品质有哪些？你认为自己

可以成为一名卓越教师的原因何在？在你的生命中，哪位老师对你产生过积极的影响？

■ 问题4：在之前的工作中，你积累过什么样的经验，培养了哪些重要的工作技巧？它们对从事教师职业是否有帮助？

■ 问题5：告诉我们，你觉得你的学生可能会在你的专业上遇到哪些挑战？为什么他们会觉得这些内容充满挑战性？你怎样才能帮助他们攻克这些难关？

■ 问题6和7：目前在你的专业方面，你可能会遇到一些特殊问题——有可能是那种从传统意义上讲就被认为困难的一个课题或者是一个概念，这样就会有一个问题要求你进行说明：你如何在课堂上向学生表述清楚，以便让他们抓住主要概念？或者说，你怎样才能分别在两个不同年龄或不同能力的群体中阐述清楚同一个主题或概念？以现代外国语课程为例，你如何能尽量让学生们都使用目标语言？

■ 问题8：试想你正在观摩一堂课，你是否知道这堂课上得好还是不好？你如何判断学生们是否学到了他们真正想要学到的东西？

■ 问题9：如果你正在上课，学生们出现了一些破坏性的行为，你会采取什么样的策略来应对这种情况？

■ 问题10：你如何努力才能提升学生们在道德、精神和文化上的成长与发展？你是否能理解学校里面教导员们所担负的工作的意义？

■ 问题11：你在教师培训这一年中会经常遇到困难，而在以后的职业生涯中，你将会投入长时间的工作，有时候会觉得孤独，有时候还会有极度的挫败感，你是否考虑清楚已经做好准备迎接诸如此类的压力？你的应对机制和战略是什么？

■ 问题12：如果你已经获得了一个培训的机会，请阅读卡片上的条件清单和不利清单。我们这样做，无非是为了在你们接受培训时能够更高效地支持你们。请告诉我们，清单的哪些或哪个条件适用于你？是否还有什么需要我们了解的事情，让我们可以更好地支持你？

■ 问题13：是否还有其他需要询问我们的问题？

📖 话 题

● 这些问题中是否有出乎你的意料的？

● 你认为哪个问题是最直截了当的？哪一个又是最刁钻古怪的？

● 你是否认为有必要向你的面试官提出什么问题？（参看问题13）

● 教学活动中我喜欢哪些方面

　　尽管听起来似乎有点俗套——你必须明白：你正在产生影响。当然，并不是任何时候，而且或许也不适用于每个学生，但很显然，这一点至少在某些时候、某些学生身上是能够得到体现的，这样的感觉已经很令人欣慰了！

7 何种优异表现才能让你获得培训的机会

最近这些年来，整个社会经过长期不懈的努力，更多优秀毕业生进入到教育这个领域。先不管进入教育这个行当中各种途径的复杂因素，这个进入过程中的核心就是要通过面试。这是你能够展示自己的平台，特别关键的是显示你是否具有适合从事教育工作的气质。

这次测试的目的并不是检验你是否具备作为一名教师的典型气质，任何一场正规的面试，都是在了解到你业已通过了高质量的实习锻炼和教学培训之后才可能安排的。因此，在这样的面试当中，你不必勉为其难地显示自己就是那个"与生俱来"的天才教师。

相反，你需要展示的是，你在面对各个年龄段的孩子时，以及在各种类型的学校中能够长期表现出来的那些不可或缺的教师特质。

可以预见，在面试的过程中，你肯定要展现出你个人性格上的这些特点。面试官会通过你的表现，评价你在考虑自己职业选择时是否深思熟虑，对教师这个职业的责任感有深刻的理解；当然，还包括你在从事这项职业的时候，是否有足够的精力、自我修复能力，以及乐观主义精神。

记住：培训师们会用罗列着品质和经验的清单，在申请者中寻找合格的人选，他们会严格地对照这些准则，来评判你的申请函和面试表现。

他们也在专注地寻找各种证据，证明你在工作、志愿行为以及各种活动中的表现是否能突出地契合他们的要求，这些证据也可以证明你将来做得肯定会更好。

你很有可能必须面对一个面试小组的所有工作人员——这个小组某个成员可能来自于大学的一个部门（以申请PGCE为例），其他某个成员则又有可能是这个系某所伙伴学校的一名教师。

通常这些面试问题不会是在面试过程中临时拼凑的，一般来说，这些问题都是提前准备妥当的。下面，我们将会举例来说明。

请在心里牢记，面试官们心中是有统一标准的。他们很有可能先向你提出一个问题，然后用下列的评分标准来对你的回答评级，这个评分结果是根据你回答问题的深度和对问题的理解程度得出的。

1=论据很不充分

2=听起来有些道理

3=整体上听起来不错

4=非常棒的论证和阐述

尽管第一印象的确非常重要——同时你也能运用你友善的举止和风度翩翩的外形来吸引面试官的注意力，但是请记住，他们一直在对你回答的每个问题进行着评分和计算。在教育的所有方面都有一个很强的核心责任——需要保持记录的习惯，而且要清晰透明，这也有点像教育面试中的等级评分制。

这意味着，就算至今为止你的个人魅力给你带来了诸多方便，但你现在也必须把所有的注意力放在把你的工作经验表达清楚这个重点上。要给面试官留下善于思考的印象，这些东西才是你的面试官最重视的。

换句话说，面试官并不只关注你是否个性鲜明，也不只注重你能否表现出自己精通业务或者在自己的专业上有独到见解，面试需要你在短暂的时间内尽可能地展现你所有的优点。

因此，面试官们很可能会采用如下一些他们已经熟练运用的用人准则：

- 良好的人际沟通技巧，有风度、自信、表达力强、嗓音清澈并能有效地运用它们；
- 善于思考的能力，展示出良好的自省意识；
- 承诺可以符合初级教师训练（ITT）中所要求的身体上、情绪上和智力上的标准；
- 作为一个教师必须具备的自我恢复能力和百折不挠精神。

在回答问题以及完成其他任务的过程中，你的答案、表现与面试官们希望听到的、看到的结果之间的契合度，将会很大程度上决定你是否能够在这样的培训课程中得到一席之地。

话 题

● 对这一套准则你有什么样的感受？

● 哪些部分是你自己比较放心的？

● 诸如在思维缜密性和恢复能力方面，你会怎样体现你的性格能力？你在实际生活中有没有遇到什么例子，可以列出用来表达自己有合适的心态和经验？

● 教学活动中我不喜欢哪些方面

工作与生活之间的平衡真是个大麻烦，我时常会处于一些工作压力难以承受的阶段，却只能把这些压力通过各种方式在周围人中释放出来。教学看起来就是这样，它有低谷和高峰，这通常会发生在学期汇报阶段和考试阶段，这个时候你会发现自己在压力之下完全无处遁形！

8

如果你获得了培训的席位，接下来你应该做些什么

某天，一封录取通知书告知你获得了培训的席位——不管是大学还是中学的，现在，你应该做些什么呢？

如果这就是你想要的位置，那么接受它。你要尽快按照所要求的格式做出回应——也就是说，在很多情况下，要签署一份同意书或者一封回复信，甚至更简单的做法——通过网上入学申请的方式来对培训席位予以确认。

现在你的生活即将发生转变，你正在一天天地临近课程开始的日子，你多少会在情绪上产生一些波动。你会觉得兴奋和忧虑，心情也一直会在这两种极端情绪当中起伏。

给你两条建议：

第一，安排自己适当地到学校参观一下。在任何时候，这可能都是你开始一个刚被你所接受的课程的先决条件。先别管是不是吧，你如果能够更深地融入一所甚至多所学校的文化，那么你能完成的工作肯定会更好。如果你能做到这一点，那么就想办法近距离地观察各种不同类型教师的工作，包括那些不是你本专业科目的老师。

举例来说：

■ 看一看如何来组织学生的合作小组，如何为他们分配任务，以及怎样要求他们独立完成工作，然后再回到课堂中做出报告——观察一位伟大的艺术老师是如何组织实际排练的。

■ 看一看在充满活力的小组讨论当中，其他人是如何萃取出学生观点的，然后在一种安静、安全的气氛中陈述这些观点——观察一位杰出的社会健康和经济教育老师（PSHE）的课堂。

■ 看一看如何用深入浅出的语言将一些复杂的学术观点解释清楚，但是不能够过于简化——可以观摩一位杰出的科学或是历史学老师的课堂。

■ 看一看在课程结束时评价系统的威力，回顾一下你学到了什么知识，下一步需要做什么——观摩一位杰出的科技老师或是体育老师的课堂。

■ 看一看学生能够从个人反馈中获得怎样的积极鼓励，如何激励他们的奇思妙想——观摩一位杰出艺术老师的课堂。

■ 看一看老师是如何帮助学生做出更加精准的思考的，通过小心翼翼的提问建立起他们的自信——观摩一位杰出数学老师是如何工作的。

■ 看一看老师是如何向学生们讲述清楚什么是受过教育的成年人的行为方式——这种技艺在我们的阅读和写作过程中是必备的。举个例子，观摩一位杰出的语文教师是怎么做的。

■ 看一看老师如何创建速度、深度、反思、目标、冷静和行为举止等评价体系，长时间地观察某一个特定的班级，近距离观察一位杰出小学教师的课堂。

■ 看一看那些无休无止的承诺和同情心，它们来自与你将要受训的学校完全不同的环境，想办法去观摩一位杰出的特殊教育学校老师的课堂。

换言之，让自己浸淫于课堂文化当中是对你非常有帮助的事情，一旦你在新的职业生涯中选择了这条道路，你将乐此不疲。

记住，在学校里可不仅仅是课堂里面那些事儿。你的教师身份将会涉及到方方面面——早晨要化身一名实训指导员，一名值班员，午餐得在学校的餐厅里吃——所有的这些事情都可能带来一种神奇的体验，或者唤醒一种特别的感受。

因此，尽快来到学校开始你的教学进程、吸收学校文化的养分吧！一旦你开启了属于自己的教学实践，就会发现这样做对你过渡到新的工作环境中是很有帮助的。

第二，开始阅读。最优秀的教师擅长将深度的专业知识和阐述能力相结合，让学生们发现它们是多么引人入胜。或者说，他们对自己所要教的知识知之甚多，也对自己能教到什么样的地步胸有成竹。在成为一名合格教师之前，你有必要对所有这些方面都做好充分的准备工作。

首先，你要更多地阅读自己本专业的书籍，浏览那些和自己的专业相关的出版物，拜访你这个领域的著名作家；重温你之前学过的文章，从中学到大学，只需要快速翻阅就行了。开始让你的理解更加深化，深入研究一些比较高深冷僻的专业知识以及更多"神秘"的课题。

然后，看看许多教育作家在书中或者博客中阐述过的观点和想法，主要是关于如何教授你本专业课程方面的文章。最近几年，博客可以说是这方面最肥沃的土壤，可以让普通教师们自由地交换意见和交流教学方式。这个时候，你要开始学会体会他们的博文要表达的真正含义是什么了。

你还可能需要读一些看上去和你的专业没有特别关联的书或者文章，有的只是泛泛关联或者仅仅是出于兴趣。这些文章有可能是文学的、关于班级管理的或者是励志类的，甚至或者是关于人的大脑如何运作的书籍。

📖👤 话 题

● 你对自己选择的培训课程到底有多么热心？它对你产生了多大的影响？

● 如果你没有被录取，你的应急计划是什么？

● 如果你开始上课了，你的生活方式将会受到怎样的影响？

● 给新教师们的建议

给生活和工作的优先级排个顺序，你必须在周末拥有自己的时间（比如说是一整天），每周也至少一天晚上不要工作。出去散散心，看望一下朋友，欣赏一部电影，提醒自己除了工作以外，还别有一番天地！

TEACH
NOW!

PART 2

第二部分

做好教学实践的准备

现在，你已经决定开始你的教学生涯了，你现在需要做的就是成为一名真正杰出的教师。

在这个职业当中有太多平庸之辈——就像在其他行业中也充斥着平庸无为的会计、驾驶教练和银行职员一样。

基于教育可能对社会产生的重要影响，你不能仅仅要求自己成为一个称职的教师、一个说得过去的老师，或者是那种学生们在一开始紧紧追随着你，转身就马上把你忘记了的老师——你希望成为的是一名杰出的教师。

你需要为此努力工作，调整教学方法，从错误中汲取经验及教训，成为一个"厚脸皮"的人，从工作中遭遇的挫败里快速修复，并坚持不懈地学习。

你将获得的回报是：成为这个伟大职业中的一员，并且（即使只是偶尔地）发现自己所做的事情正在潜移默化地转变着某些人生活中的机遇。

这一部分简短的说明，是为帮助你尽快适应你所处学校的校园文化而写的，写这些东西的目的是帮助你提前反复思考，包括一些在日常工作中经常容易被忽视的那些看起来很琐碎的问题——比如说上课时应该穿什么衣服，午餐时间应该在哪儿用餐，等等。

你未来的教师生涯将从这儿起步，请牢牢地把握住它们……

9　在来到你工作的学校之前，应做好哪些准备

无论你是经由何种途径进入到学校教育领域中，你在学校中所获得的经验将对你最终能够成为哪一类教师产生巨大的影响，这一点与你之前参与过的教学培训的过程很相似，所以在开始的准备阶段，你应该心怀敬畏地努力前行。

这也是所有我们这些过来人共同的感受。

教学实践是成为一名教师必不可少的部分，因为教书是一项充满了变数的工作——简而言之，那是因为学生是鲜活的生命体。如果你只是把自己关在一间办公室内，训练自己如何去工作，那么就算你拥有了至高的能力，当你面对学生时，仍然会发现自己欠缺太多的知识，承受着太大的压力。有时候，发生在学校里的意外状况层出不穷，会让你很伤脑筋，甚至觉得培训中的经验根本帮不到你。

这是因为你每天面对着的是一个个性鲜明的群体——学生，同时还包括性格特点各异的同事——他们中的每个人对你所能带给他们的东西，都有着不同的关注、愿望和期待。

学校是你在整个培训过程中最有可能让你失眠的地方，所以，这里提供了几条如何进行准备的小贴示。

第一，了解学校。

培训开始后，你可以很轻松地查找到即将开始教学实践的那所学校的相关信息。毫无疑问，一开始你会被邀请进行一次开放式参观，但是别指望你能靠这个了解这所学校的一切。你可以通过网络提前了解情况，看看学校是怎样进行自我介绍的。花上一点时间好好浏览一下学校网站，感受一下它的价值观，体会一下那些呈现在网站上的教学方针——特别是，关于以下三点的教学方针：

- 统一的期望

- 行为准则

- 奖励与处罚

关于这些你需要了解的学校情况，你目前没有必要过多地拘泥于细节，它更多地像是一次你对自己的心理定位——说白了，就是获得对这个地方的初步感受，并且权衡它的价值。

这样的准备工作也会帮助你在参观学校的时候建立一个有用的初步印象，或者是当有人提及学校的历史和成就的过程时，能引起你的一些共鸣。你可以说——不需要装成自作聪明的样子，啊！对啊，我在你们的网站上看到过这些。这样做的好处，就是可以加深别人对你的印象，让别人知道你是一位主动去了解学校、对这份工作充满期待的人。

第二，不要去理会那些总是唱反调的人。

在学校里面，有可能总会充斥着各式各样的声音。如果有谁从一开始就告诉你，你所在的这所学校有一个粗鲁的坏名声，或者是缺乏纪律性，或者是道德水平低下，或者是不可避免地从教育联盟排名表中滑落，等等，请无视他们！

如果你在英国的学校里，想要试图去咀嚼回味每一件你所听到的事情的话，那你大概会以为教育界中的大多数人都是一群乌合之众，由一帮毫无希望的从《滑铁卢之路》的演员阵容中被抛弃的人所组成。

事实则是，正如英国教育标准局（Ofsted）已经证实过的，大多数的英格兰学校是优秀的，而且是出类拔萃的。因此，不管在社区里流传着什么样的关于学校的小道消息，或者四处散布的来自竞争对手别有用心的谣言，请别太在意，它们绝大多数是虚假的。

进入你的学校后，要用你的双眼好好地观察，而不是借助别人的眼睛来看到些什么。不过，要记住，在到学校之前要保证自己预先做了功课，并且准备去了解更多的东西。

话 题

● 对你的第一次教学实习工作来说，你最希望去哪种类型的学校呢？为什么？

● 被指定分配到一所学校有什么好处？这可和你完全自主挑选学校有很大的区别哦！

● 你最开始的研究发现，学校是通过什么方式来彰显它的价值观呢？（比如借助网站）

● 教学活动中我喜欢哪些方面

　　作为团队的一分子参与到工作中，工作有可能是满负荷的、充满压力的，有些时候还会出现令人烦躁的情绪。但是，从好的方面来看，你正在和一群聪明、出色的人一同工作，在这里，你会发现自己会被他们的工作热情深深地打动。

HOW TO DRESS
FOR TEACHING PRACTICE

10

在上课时如何穿着才更得体

　　没错，这一部分内容可能是会让一些读者或者是正在书店里面随手翻阅的准读者们眼前一亮的部分。如果你正准备成为一名高效能的教师，你就必须穿戴得像一位高效能的教师。这就意味着，你在教学实践工作的每一天，都得始终如一坚持下去，这将贯穿你全部的职业生涯。

　　很多学校都有自己的着装要求，或者至少有一小段关于他们希望员工们如何穿戴的文字。更常见的情况是这样子的，它们多半不会把这些要求直接印在员工手册当中，你只是会在你教学实践的第一天得到一张写着简要说明的纸而已。

　　但是这也许已经太晚了，因为你必须要这在之前就决定到学校参观时穿什么衣服。

　　我的意见是——对此我从来没有犹豫不决过，如果你有所迟疑，那尽可能地穿得正式一些，在教师行业里的第一印象可能比其他很多行业都重要。如果你某天打扮得看起来过于休闲随意，你会被很多学生和同僚们看在眼中，记在心上，从而被打上"休闲教师"的烙印。

　　在我工作过的学校里，我希望碰到的新老师们是如此着装的：男性，穿一件正式的衬衫，系上领带，外穿一件夹克衫，如果没有的话就穿一套西服；我希望女性新教师也能穿戴得体，要与正式场合相协调和配合。不要因为不当穿着而被学校领导层视为"斑马条纹爱好者"，而是尽量让他们觉得给予了学校和领导足够的尊重，这样就可以表明你已经深刻地体会到学校对员工在职业上的期待是什么。

同我们对于学生的着装要求一样，我们不允许学生在除了耳朵以外的任何地方穿孔，因此对员工来说亦是如此。

一些人会给予你一些不同的意见，一些学校则会有另外一些不同的期望和要求，但是无论如何，你都得在一天之内搞定你自己的穿着这件事情。

我要说的一切就是——在本书中还会一再地强调，教学本身是具有象征意义的，如果我们不能专长于教学，那么我们也就无法扮演好教师这个角色：穿着得体、职业是这个象征意义当中的一个非常关键的部分。

📖 话 题

● 你认同本节的观点吗？作为一名教师，穿戴的问题是否的确给你带来很多困扰？

● 过去那些影响过你的老师们——你能记得他们是如何展示自己的吗？他们有什么相同点吗？

● 你打算如何穿着呢？

● 教学活动中我不喜欢哪些方面

　　有时候感觉它和社会舆论关联得过多，新闻报纸上总是不停地报道或者援引某位专家学者或其他某某人的言论，指责我们的教育始终做得不够好。大多数时间我可以对此一笑了之，但总还是有这些评论会让你感到不安的时候。

HOW TO REFER TO YOURSELF
ON TEACHING PRACTICE

11 在教学实践当中，你如何称呼自己

这是一个看起来有点古怪的问题，但是我清楚地记得，在很多年前我在莱切斯特受训的时候，这个问题就着实折磨过我好一阵子。

让我担心的事情是学生们会怎么看待我，他们是不是会因为我只是一个实习老师，就把我当成他们这些淘气鬼捣蛋行为的猎物？我是否应该承认我才刚刚开始教育实习？这样的话，会不会给我教的这群学生留下什么把柄，或者我应该虚张声势地向他们展示作为一名教师的权威吗？

那时候学校要求我们要使用姓名铭牌，我当然不愿意在自己衣服上别上一个"实习老师"的铭牌。这就有点像在我们的学校里，为后备老师团队冥思苦想出一个逻辑上还说得过去的名称——代课老师。

其实这样做也许同时就给这个群体附加了一个名字——牺牲品。因为我们给他们定义的这些名字，无形之中已经削弱了这些老师在课堂中的权威。

这也就是你在教师中不愿意承认自己是一位实习老师的真实原因，有的时候，甚至你自己都不愿意去注意这一点。

当然，也许你就不该去为你会被别人猜度成什么样子这种事情感到不安，而且，在任何情况下，这其实取决于你的导师或者是部门领导如何给你定位的。也许某一天她把你带进所要接手的班级，用"这位尼科尔森先

生，他是一名实习老师，会在接下来的学期里为你们上课"这样的话将你介绍给大家。

在一些学校当中，这样的介绍方式会点燃嘲笑和抱怨的蓝色导火索；在其他学校中，特别是在大多数培训、实习这样的工作已经习以为常的学校中，学生们也许会感到高兴，或者至少是对可能的结果产生兴趣。

或者一开始就没有必要告诉学生那么多，就简单的一句话"OK——这是内科尔森先生，在这学期接下来的时间他将给你们上课"。

我的个人建议是，当你第一次与某个班级见面的时候，你可以把你的名字写在白板上，用下面这样的方式来介绍自己：

大家早上好！我的名字是巴顿先生。这个学期我会教授大家英文课，有时候会和帕林先生合作教课，有的时候只教课程中的一部分，而有的时候则全部讲授。来到这儿之前，我在很多地方工作过，现在我很期待与你们相处，了解你们并帮助你们学好英文。

因此，我认为在把自己介绍给学生的时候，你要很自然地强调一点，那就是你将会成为他们的新老师，而要避免过分地强调自己的"实习老师"、"受训老师"身份，这样就可以清楚而且有针对性地提示所有人，你接下来要关注的工作重点是什么。

📖 话 题

● 你自己是否思考过上述问题？你对本节的建议认同吗？

● 如果你有一个不太寻常的姓名，或者对于学生来说难以念出或者是拼写的名字，那么你第一次和他们见面时，应该怎样做才能让学生们快速地记住它？

HOW TO HAVE LUNCH

12 如何进午餐

是的，我发现这样的问题听起来似乎很愚蠢，你买这本书的目的可不是要获得怎么吃午餐的建议吧，对不对？

但是我们为什么要写本节内容呢？

午餐时间可以说是一个学校真实形象的重要指针——学校是如何运转的？它的核心价值观是什么？在学生感到最自由的这段时间内，学校对他们行为举止的期望值和标准是什么？在最优秀的学校中，这段时间也许是你能见到有经验的教职员工最频繁的时段，他们的出现是为了保证学生们情绪的平静，为下午上课有意识地做好准备。

对你个人来说，这是你花时间填饱肚子的重要时段。一上午时间，在教学实践方面，你都处于为下节课做准备的不间断的压力之中，或者在与你的导师或者部门领导为一个论题绞尽脑汁，这个时候你终于可以稍微放松地享受一段短暂的三明治时间了。

午餐可不只是对你的健康有好处，对于学校来说，它的每一天、每一周、每学期、每一年的节奏都早已规划好了。因此你得学会，不要忽视自己的身体需求和充电的问题。

不可回避的是，有些时候我们不得不在教室里，或者部门办公室里匆匆地吞下一个三明治，但你还是要尽量挤出时间来到教职工休息室里用餐，或者更重要的应该是，你应该到餐厅里和周围的学生们一起进餐，这样做很重要，理由有很多。

首先，我们知道，在近年来不断增强的"分散式"生活方式的影响下，很多人很难有整块时间坐在一起交流，也不会聚在一起吃饭，甚至不会面对面地谈话。取而代之的是，他们大多数时间都是双眼紧盯着电脑或手机屏幕，在房间的任何角落胡乱地吃着食物；要么就是一边看电视，一边一声不吭地吞吃着垃圾食品。

这么看来，很多时候学生们是最缺乏有效融入社会的经验的那个群体，也最需要去学会该如何做，这才是学校应该更多关注的地方。在我们狭窄的、四面围墙的教室以外，在我们所教的专业之外，更该让学生学会社会化的交往方式。从坐下来吃一顿午餐这种小事情上，我们可以展示这件事情对我们而言的重要性和本质意义：我们是在为学生示范并传达一种他们异常缺乏体会的实际经验——和好朋友们一同吃饭是多么简单的幸福！

如果你可以抽出时间来做这件事，你也会很享受这个过程的！和你也许并不熟识的同事或者学生聊聊天，在不知不觉中，你可能会对学生们的未来生活带来巨大的影响。

▉▲ 话 题

● 那么，你觉得本节所提的建议如何？你觉得在哪里吃午餐更好呢？是学校食堂，还是教职工休息室？

● 你是否认同，有学生环绕左右的午餐会更加有趣而有益呢？

● 或者，在午餐时间你打算做些其他什么事情呢？

HOW TO USE THE STAFFROOM

13 如何使用教职工休息室

在很多学校里，教职工休息室的形式已经被改变了，甚至消失得无影无踪。一些大一点的学校或者是学院，由于意识到教师身上与日俱增的压力，也许会将他们的工作方式和地点进行多样化和分散化的设计，以求起到帮助他们缓解压力的作用。在这些学校里，早晨休息时、午餐时或者是下午时分的一杯咖啡，大家围坐在一起聊一些轻松的话题，就可以带来朴实自然的笑声。

这样的学校里还保留着教职工休息室，在那里，一群员工往往可以找到时间并且愿意在此打发他们的休息时间，一起讨论接下来还要做的很多事情：下节课应该怎么上，应该让学生们看些什么，或者是否组织一次全校性的长途跋涉。

在某种程度上说，这一点真是让人同情。在教师这个职业中，我们没能意识到的优势（尽管它也可能被说成是短处），就是目前正逐渐被忽视的"协同工作"的感觉——和那些具有相似观点但扮演不同角色的人一同完成任务，分享工作的喜悦。一个好的教职工休息室可以让你融入到与你担负着不同任务的教师团队中去——你们可能教的根本不是同一个科目，甚至分享的也不需要是同一件事情。

一个真正好的教职工休息室应该是：可以让职业发展得到支持的地

方，让我们可以释放怒气、分享观点，倾听老教师们的意见，放松自己，并做好上下一堂课的准备。

不管在你所在的实习学校有没有这样的地方，我依然建议你至少要给自己一次机会去看一看什么是真正的教职工休息室。如果你所在的学校还有其他的受训老师，在征得学校及其他人的同意后，你们要保证至少每周能够在那儿碰一次面。你需要这么做的原因是，枯燥的日常工作这件事情会从心理上和情绪上耗尽教学的自然属性——同事之间的情谊。你只需要把教职工休息室当作晨休或午餐时间的一个聚会点，让大家马不停蹄的深思熟虑稍微停下来歇一歇，让自己简单释放一下。

这样的话你可以在下一个阶段走得更远。如果你和其他受训老师在一起，不要让自己成为不可避免形成的新来者小圈子里头的一员——总是畏怯地凑在一堆坐着，和其他的同事保持着距离。要偶尔创造一些机会来让自己的社交网络扩大一些，挑选一些之前没有坐过的位置，接近一些之前没有靠近过的同事，对他们说："你好！不介意我加入到你们当中吧？"然后看看究竟会发生什么。

这种感觉能够让你参与到学校文化当中去——主动倾听可能比说话的效果更好，这样对你理解在这所特殊的学校中如何成为一名真正的教师是大有好处的，同时也可以为你的教师职业打开一个更为宽广的视窗。

所以说，在教职工休息室里，并没有什么需要忍受的酷刑在等待着你。它不是你需要逃避的地方，也不是一个混合你与其他新教师相似意见的避难所，它是一个你可以快速提升自己的职业知识和理念的场所，别放弃它！

🏢👤 **话 题**

● 你是否认同"相比较而言，与其他同事和谐相处，工作更为重要"
这个观点？

● 你如何决定自己坐在教职工休息室的哪个位置？在刚开始那几
天，你的策略是什么？安排自己与同样的受训伙伴，还是新部门
的成员，或者是与你的导师并排而坐呢？

PART 3

TEACHER TRAINING

第三部分

教学培训

这是本书的核心,在这部分你会深入了解一名教师所需要的必要技巧,这些课程是为像你这样的受训者专门量身设计的。

我将这些建议与现行的教师准则相互联系起来——教师准则是由教育部制定推行的,上面描述了教师们应该遵循的言行和规范的标准框架。

这些是非常重要的东西,有些还会在你整个职业生涯的不同阶段反复出现。比如说,当你要通过学校例行的年度评审时,你就得依靠教师准则这样的标准,从中找出那些对你产生过重大影响的论点,或者是你正在展现出来的重要职业品质的理论依据。

不过,重要的还是如何让自己成为一个真正杰出的教师,而不是囿于一套死板的条条框框。因此,这部分涵盖的内容绝不仅限于教师准则中所要求的内容,尤其是会提出一些对常见问题的处理意见供你参考。你在培训和教学的时候也许很难应付这些问题,它们甚至会像梦魇一样纠缠得你彻夜难眠。这些意见,主要是有关学生行为问题的管理,以及如何对付那些难缠的家长。

我还特意地在学生的行为问题管理方面更多地提出了一些指导性意见。首先,这样做是因为行为管理是让大家都非常苦恼的事情——诸如当你要求学生上课不要讲话或者接下茬儿时,他们能否立即停止;或者你对他们提出的要求，他们能否做到；又或者是你的班级正变得像电视剧里头描写的那样，到处充满着失控的行为……通常，这些问题会困扰着你，令你辗转反侧。

另外一个原因就是，对于行为管理来说，积极引导的行为意义重大：没有它，你不可能有良好的学习环境。一个安静的、秩序井然的、相互支撑的班级气场，是教学的至高境界，它是不可能凭运气偶然形成的，它需要的是你的创造和培育！

这个部分的内容，将带领你进入优秀教师的行为中最为核心的部分！

HOW TO USE
THE TEACHERS' STANDARDS

14

怎样运用教师准则

教师准则建立起了一个全国性的通用基准，它是每位学生和他们的家长能够从任何一位教师那里期待的标准化行为。

这听起来是非常合乎情理的，你或许能感觉到。

在终其一生的教师职业生涯中，你会被这套准则反复不断地评价——或者说，它至少希望能从你身上看到一位教师可以达到甚至超越这套准则。

因此，在你职业生涯的最初几年，这套准则是值得你花时间去学习了解的，这也就是我们为何在这本书里，把它作为本书的"纲要"呈现给大家的原因。

教师准则包含两大部分：(1)教学；(2)职业引导。在这里，我们会运用它们来开发一些新教师所必需要具备的技巧和方法，顺着这条主线更深入一点的就是，这些行为将会在绩效考核和评价过程中展现出来。

📖 话 题

● 关于教师准则你已经了解了多少？

● 你认为在它之外，还有什么准则？

15

USING TEACHERS' STANDARD 1
HOW TO SET HIGH EXPECTATIONS

运用教师准则1：如何给学生设定一个高期望值

把有关我们作为教师的期望值方面的内容当作"教师准则1"并放在开篇来讲述，无疑是非常正确的！

设定那些可以激励、鼓舞以及挑战学生们的高期望值！

1（a）为学生搭建一个安全而又带有激励性的环境，这得植根于相互尊重的基础之上。

1（b）为具有不同基础、能力和性格的学生设定能力范围和挑战高度。

1（c）持续不断地演示什么是正确积极的态度、价值观和行为，所演示的内容就是你对学生所期盼的。

需要特别注意的是，在准则的一开头就要强调"安全"这个要求，这可不仅仅是提醒你在学校的科学实验室、技术实习工厂或类似的地点，需要保证学生的人身安全，这是对所有老师、所有学科、所有班级教室以及在学校里任何一个角落的要求。

在设定学生的行为、学生之间的交往，以及如何使用社交媒体等方面的期望目标时，安全这个因素都必须要首先考虑。这也是提醒我们，作为一个成年人在兑现关爱年轻人这项责任的过程中，考虑安全因素的重要性——这样可以让我们制定清晰的边界，给学生们一个明确的，或者是暗示性的感觉，让他们信任我们并感觉到自己是绝对安全的。

通常在一些最好的课堂上，期望值的设定是非常关键的，它意味着可以为学生们设定一个比他们自己认为的目标更高一点的期望值，这里可以包括无法容忍的行为不端、卫生状况的凌乱不堪以及迟到现象等。但是请记住要一视同仁，正如准则中一再强调的，要在相互尊重的基础上来进行示范。

对于新教师来说，这已经被证明是一个最难以撼动的平衡，关于这一点，我们会在稍后关于班级实践的部分再回过头来讨论。"相互尊重"并不意味着亲密无间——也就是说，想象一下教师的角色变成了学生们的朋友替代品会是什么样子？老师可不能对学生的不良行为或者是不拘礼节装作视而不见。

在你面向学生演讲的时候，或者你在教室门口向学生们问候致意的时候，或者你在解决了教室里的一次混乱的时候，甚至是在对某个学生的错误行为表示愤怒的时候，其实都是最容易展示师生之间相互尊重的时机。

你如何证明自己符合了该项准则

你应该保证，在每一次的教学计划中，你要特别注重健康和安全方面的问题——这样可以清楚地表示你是对危险有预判的人。在一些科目当中，这方面的压力会比其他的科目更大。比如说在科学这个科目上，你就有必要特别注意和仪器设备有关的安全知识，你通常得睁大双眼尽可能去甄别，这些都可以表示你是一个具有危险防范意识的人。

在其他一些科目当中，或许并没有那么多的安全隐患存在，你在教学计划中可以不涉及安全提示。这种情况下，你只需要简单地在你的教学计划备课本上的"特别安全提示"一栏当中，填写上"无"就可以了。

换句话说，健康和安全——是你对学生的责任所在，就算是在备课本上填写上"无"也是很有必要的，因为这表示你至少在安全隐患这方面是进行过观察和思考的，它对你而言非常重要。

注意，在教师准则当中，我们作为教师的另一方面的核心工作是：我们在为自己的学生设定期望值的时候，不要考虑他们的家庭背景和性格因素。通过这个标准，你当然知道你想要做到的是什么，但你同时也要有能力持续地证明自己才行。

有的时候，我们一谈到如何实现自己为学生们设定的高期望值和挑战极限的时候，就容易把它想象成让我的学生与学术上最强的那些学生一较高下，而一旦发现这样的目标过于艰巨的话，我们难免会开始不断地稀释之前设定的期望值。

作为教师，我们需要的是组织一次适合挑战我们所有学生的真实测试。

这就要求你的学校在课程目标上要用搭建一所房子的方式来划定层级。有的人希望用一种三级的模式来设定目标，即：小组中的每个人都必须达到的水平，大多数人可以达到的水平和一部分人可以达到的水平，不过这看起来多少有点让人觉得不自然。

尽管如此，在帮助教师树立了良好的行为习惯之后，也许在教师工作当中占据主体部分的工作，就应该是如何教学了。你要尝试着了解清楚班级中所有孩子的能力范围，这并不是说我们之前的教育引导是混乱无序的，这只是要求我们应该给每个孩子单独设定目标。在很多场合和群体中，这项工作看起来是不可能完成的，它意味着你必须同时考虑要完成的工作（也包括已经完成的工作）要以什么样的方式进行展示。这样一来，你班级中最有能力的那几个学生就会在某一门课程或整个学期中感受到挑战，而中等能力和能力欠缺的学生身上也会有同样的感受。

你教书的时间越长，你的教学方式就会越来越凭你的直觉来设计。

关于期望学生在不同的技艺水平和知识水平上不断进步这个方面，你应该尝试着去了解更多更特别的东西。接下来，这些经验就可以帮助你给予他们更高质量的反馈信息。在适当的时候，你可以一边推进自己的课程，一边向他们建议如何改进自己的工作。

但在这个阶段，你需要提供你正在为学生设定更高期望值的有力证据，你可以按照以下方法来做：

确保在你的课程计划当中，包含了目标、目的或者是所学知识或技能的总结，这些东西需要具有一定挑战性。你要清楚地标记它们，并就此清楚地告诉大家你正在为学生们设定一个可拓展的任务目标。

在你的记录和反馈报告里，你要不厌其烦地提及某位高水平的学生在哪里对这个挑战性的目标进行了回应。记录下他或她是如何达到这个挑战目标的过程，然后跟他（她）说："干得好！"然后，在文件资料夹中保留一份你做过标记的教学实例的复印件（相比起一个单独的案例，3~5个来自不同群组的案例更具有说服力）。

阶段性地——可能每半学期一次，对那些达到了你设定的高标准的学生表现进行总结，把学生们的回复一起复印存档。这不只是用来充实那些你所做过工作内容的，它同样可以用在你的PPT演示中。高期望值意味着长期不懈的努力工作最终能够达成的效果——它需要很高的精确度和清晰度，这也说明了你在设定高期望值的时候，不去刻意强化这些学生们的背景具有特别重要的意义。

因此你应当养成习惯，一次次地保留你设定了高期望值的所有学生的相关材料的复印件。在你文件夹的子目录里保存它们，用诸如"挑战性目标"这样的名字来命名。

最后，记下所有那些来自学生们的评论。那些关于你如何帮助他们改进自己学业的话语，是对你最好的支持——举个例子，在他们对你的建议进行的书面回复中，或者在他们发送的电子邮件里，甚至是在他们或家长们寄给你的明信片上——这同样是一件重要的事情，也是你对学生设定高期望值的客观依据。

对我们当中的一些人来说，把这些东西保存在文件夹中作为证明材料，看起来有点奇怪，甚至看起来有点功利，但是我们应该这么做，因为这是符合教师准则的。在一定程度上建立自己的有真凭实据的档案材料，总比空口无凭或是报喜不报忧强得多。

📖👤 **话 题**

● 你在设定期望值方面有没有自己的体会——比如说关于家长或者老师对你期望过高，或者过低，等等？

● 对你所有的学生来说，你如何在为他们设定可以达到的期望值时，打上自己独特的个性标记？

16

运用教师准则2：如何帮助学生取得巨大的进步

教师准则2是伟大教师开展工作的基础，我们中有很多人都曾经被一些令人愉快的、有魅力的、引人注目的教师教诲过——但说实在的，这其中并没有几个老师能真正帮助我们取得应当能取得的进步。

"进步"在教育上已经变成了一个捉摸不定的词语，我们今后会逐渐体会到这一点，不过现在让我们先来看看它在教师准则中的定义吧：

2（a）要能够对学生的成绩、进步和结果负起责任。

2（b）要了解学生的能力水平以及他们之前拥有的知识，然后考虑如何在此基础之上进行提升。

2（c）引导学生们学会总结反思他们所取得的进步和发展的需求。

2（d）展现自己对学生如何学习方面的知识和理解，同时将它们如何对教学产生影响也展现出来。

2（e）鼓励学生们在自己的工作和学习方面敢于承担责任，并且保持自觉的态度。

在教师的责任当中，促成学生的巨大进步是工作的核心，当然，我们也希望能够点燃年轻人对我们所教专业的学习热情，把他们培养成为更加健全的个体，或是让他们的自尊感不断增强，并逐步塑造良好的性格，杰出的教师在伟大的（甚至是平庸的）学校里就是这么坚持不懈。

不过，我们仍然需要学生们学习书本知识，而且要能够把自己所学的知识展现出来。

你一定想了解人们是如何学习的，尤其是如何学习你所教的科目的，你也在为学生们精心准备可以充分证明自己的专业知识和教学技巧，而上述这些准则，就将你在这两方面的需求，有机地结合在一起了。

在学生们准备正式测验或者考试的时候，你是很容易想明白这个道理的——毕竟，考试是目前能够评判进步最容易实现的手段。

不管我们认为现行的考试制度是如何繁琐累赘或是存在种种弊端，当那些因为没有达到标准或者仅通过了较为简单的考试的人们哀叹、后悔的活剧每年都在不停上演的时候，我们还是会感到沮丧无比。不过，这当中的很多考试其实和我们并没有太大关系，或者它只是个小插曲而已——资格考试才是真正的麻烦。

资格考试之所以需要特别关注，是因为它将为你通往下一阶段的生活打开一扇门。只要我们到达那里，资格证书反而变得不那么重要了。它们随着我们个人教育背景的提升而慢慢褪色，有时仅仅是我们在寻找新工作时或者炫耀自己的个人履历时才会用得上。

因此，你完全没有必要成为那种看上去光鲜亮丽的"花瓶"老师，在教室里表演着飞盘游戏以赢得廉价的喝彩声。你需要做到的是，保证自己的学生能够取得他们能力范围内的成果，也就是说至少要能够取得他们希望得到的点滴进步。因此，如果你真的是一位高效能的教师，那你甚至可以帮助他们取得比我们或者他们自己所期待的预期更大的进步。

卓越教师总可以帮助他们的学生获得杰出的结果。

这也就是说，你所扮演的角色就是保证学生们在面对即将到来的考试或者测验时做好充分的准备。这样做的结果，意味着可以积累更多的实践经验，今后就会有越来越丰富的经验可以充实到你的教学规划书中了。

你还得要求你的学生在参加任何考试之前能够确认自己已经完全了解了考试的形式，借助于考试前来自专家（也就是你自己）的小纸条或者提示，告诉他们如何在考试中发挥出最佳水平。

不过在这儿有一个重要的提示就是：不要被这样的思想所蒙蔽，那就是对现代科技时代的教师来说，所有的东西都可以依靠学生的独立学习完成，这种认识是不正确的。我们还是需要去教育他们、引导他们，告诉他们如何做好每一件事，然后再让他们去亲自实践。

还有很多教学之外的时间，我们要用来告诉学生：学习同样也包含着教师的引导。这种引导，特别在反馈、培训以及提出建议、指导等方面显得尤为关键，这是因为，如果我们是发自内心想把年轻人们培养为一个终生学习的人，我们就必须确保为他们准备好了那些学习中只可意会不可言传的真理。有的时候，它就是一件事情来来回回的单调重复与实践。

对此你要反复不断地去理解、去尝试，这样就可以帮助学生们成为一名真正能够独立学习的人，进而去获得他们应该获得的那些资格证书。

不过，关于学生进步方面的论题还有另外一种维度，这就关乎教师角色的核心是什么了。因为，在我们无法回避的教育体系和考试制度之外，我们还可以通过其他的测试和评价轻松地衡量学生所取得的进步。

更为重要的是，一名教师要能够看到一名学生在一门或几门功课上所取得的进步。这对于一名体育教练来说可是惯用手法——观察一名运动员，提出建议，督促训练，纠正技术，称赞、斥责、鼓励，他们清楚地知道何时该对运动员更严格一些，而何时又该让他们放松放松。

这个关于教练的借喻对我们是有帮助的，这取决于我们怎么做。作为教师，我们要运用自己的专业知识来帮助面前的学生，告诉他们需要去学习什么、分辨什么，他们所做的是否正确，以及他们做得是否够快、够深入，或者在他们的技巧和思维方面是否还存在漏洞和瑕疵。

我们可以把这个过程叫作"学习评价体系"，这个词让我们联想到了一位伟大的学者——戴兰·威廉，他在高效能教师和高效能教师运用的评价系统方面写过很多著作。

他的观点对一些人来说是不太适用的，因为他们暗示了这是一个用数字等级来体现学生进步程度的事情。你要走进课堂中，询问学生们学到了什么知识，而他们可能会这样回答你："是这样的，我过去是一名4C水平的学生，目前我已经跨过了5C的界线。"学生的进步被演绎成了机械、枯燥、呆板乏味甚至已经没有太多实际意义的事情了。

因此我们希望所有老师都能谈谈有实际意义的进步——到底是哪些标志表现了学生们现在知道得比以前多，能做的事情比以前多了呢？

如果你觉得这听起来很简单，那么，你错了。但是，你也不要矫枉过正，觉得这事情复杂得不得了。

这是我们要在本书里一再强调的问题，在其他类似话题的分类文章中也会有所涉及。

现在，你要知道学生的进步距离你为他设定的目标有多近，并且要有意识地快速认真地做一些记录。我们在教育中对各项指标的衡量标准，让很多学校都以为教育局的督导们希望看到的学生进步是以20分钟为一个时间段来呈现的。

也就是说，在一小段用来考察的时间——通常会是20分钟，之后呈现出结果，只要坚持20分钟以上，你的学生就会做得更好或者能解释清楚一些问题。

对于一些课堂活动或者主题讨论来说，这样做没有问题，但是对其他学习方式而言，这样做就有点太牵强附会了。

所以这里的意见是：尽量要了解你所教授的学科知识，认真思考一个人从新手成为专家的过程中，不可或缺的技能和知识是什么。

在建造知识大厦的过程当中，你要让自己所砌的每一块砖和建造的每一个楼层都是清晰可见的，它们可以用学期中的各种教学计划和备课教案来充分展现。

不过也不要忘了更加宏伟的蓝图：我们投身于此项事业，是为了时刻准备着为年轻人服务的，真正的知识学习可不是只靠20分钟独立的整块时间或者预先准备的时间段就能完成的。

在教学中我们往往需要不断地打破那些固有或者惯用的常规手段。

你如何证明自己符合了该项准则

为了证明你所教的学生的确取得了真正的进步，你应该掌握学校的信息管理系统这类工具的使用方法，这里所储存的内容会显示学生们之前的学业成绩、目前在你的班级中的成绩、他们的目标，接下来就是他们实际的水平等级。

你有可能会对那些在你的专业科目上表现得更出色的学生给予特别的关注，或者可以关注一下在你的学校里，总是经常性地无法达到预定目标的那些学生的背景。

换句话说，你的学生所取得的所有这些进步，都可以用数据或者图表的形式呈现出来。

当然，如果发现了这其中有哪些学生缺乏进步，你一定会感到失望，这也就是教育的本质：我们不可能用"填鸭式"教育取得步调一致的全员成功。但是你会发现，如果在班级中存在着达不到要求的群体，那么总是会存在另一群比目标要求做得好的学生与之相对。

但是，数据并不能够代表你的学生所取得成绩的全部含义，积累数据的目的还是要让学生的进步留下痕迹作为案例。尤其是要有意地保留一些"之前和之后"相对照的样本，比如说某个学生在新学年或新学期开始所做的功课和他们现在所做的功课之间的相互对照。

演示PPT的质量，作业完成的程度，回答问题的深度，以及阐释问题时所使用到的词汇是不是丰富、有没有扩展，等等——所有的这些材料，都可以为你所教的学生能达到什么成就水平提供有力的证据。

你同时还要证明，自己非常了解学生是如何学习你的学科专业知识的，同时要为你所教的学生在学习过程中呈现的上升趋势提供证据。

在完善工作框架和课程计划的基础上，你还要学会寻找机会深入研究一些专业上的特定概念——那些对所有学生来说都是必须学习的必备知识（比如说数学中的比例概念）。一定要在教学计划中，体现出你可以让这个概念更容易被学生所接受，比如，通过深入浅出的阐述、一目了然的图表或者是形象生动的比喻，将这个概念与其他一些有助于启发学生思维的想法联系起来。

记录你的教学计划范例，它们可以为培养学生自主学习的能力积累一套行之有效的办法。如果你认为自主学习是一个重要的学习技巧，也希望培养学生自主学习的习惯，那就在这项工作启动之初就直接告诉学生们。一旦完成了这个任务，要求学生们先做自我评价，让他们对自主性的相关内容做出回答，诸如独立自主完成学习任务的"根本"是什么；另外，还可以要求他们记录下自己独立完成了哪些学习任务，以及自己是如何自主学习知识和管理时间的。

你可以把其中一些记录作为范例复印一份存档，并充实到你的资料夹中。这样做的目的是：证明你对学生自主学习习惯的训练，是有着充分准备的。在这一阶段的训练结束后，会有一系列有关作业和任务的材料保存下来，同时也可以通过学生的反馈、你自己的备注，等等，总结出一套提高学生自主学习能力的方法。

你也许还希望保留其他一些能够表示学生的长足进步和神奇的教学技巧等方面的材料，这时候你的记事本就可以成为记录全部学生的进步，以及特别强调某些特殊学生的进步的重要武器。

不要低估了复印件的重大意义。一份学生的课堂作业、家庭作业或者是计划书的复印件，都有着重要的作用。学生们对作业的注解，为自己的决定所做的备注，以及你自己在思考学生学到什么或者如何学习这两个问题时所写下的评论，最后都将融汇到你的教学生涯当中，成为重要的素材。

记住，这并不是一项繁重的、需要努力到最后一分钟才能完成的头绪繁多的工作，只要大约半个学期一次，收集两到三张可以显示你和你学生所取得成就的证明材料扫描或复印，这应成为你工作方式当中的重要一环。

也就是说，让它变成你日常工作的一部分。

话 题

● 过去我们曾说"进步"是一个模棱两可的术语——你从中领悟到了什么？

● 那么，你在学校中有关自己"进步"的经历有什么？你如何知道自己什么时候可以把事情做得更好一些？哪种类型的反馈意见对你的帮助最大？

● 迄今为止，在培训过程中你对"进步"一词有什么体会？

● 给新教师的建议

　　使用其他教师的资源，这些东西到处都有——正如你不需要重新发明一个车轮一样。努力让自己更加系统化地保留与自己有关的材料，这样做可以让这项工作本身变得更容易，这样你在接下来的几年都可以很轻松地再次查找到它们。

USING TEACHERS' STANDARD 3
HOW TO DEMONSTRATE GOOD KNOWLEDGE OF YOUR SUBJECT

17

运用教师准则3：
如何展现你所具备的扎实的专业知识

我们经常会发现自己陷入到了一场相当愚蠢的争论当中，那就是：知识到底有多重要？你可能会听到人们争辩说，我们生活在一个知识爆炸的时代，因此想要准确把握知识的内涵几乎是不可能的。

所以有人主张，我们作为教师的角色就是帮助学生知道如何获取知识就可以了。

其实这当中有些事情混淆了论题的界线，我们可以轻而易举地击破它的逻辑。

在现实中，尽管知识的外延的确是在不断地更新和充实的，但那是专业研究者们验证各种假设和开展各种复杂实验的领域，对我们这群在教室中工作的人来说，这些变化对我们的教学几乎没有影响。

波义耳定律毕竟永远都是波义耳定律，《威尼斯商人》就是《威尼斯商人》，即便有了新的观点、看法和解读，它们也只是稍微改变了我们在某些方面的理解而已。

在这儿，在第一现场了解事物可以为我们提供构建知识体系的"组件"。因此，那些知道很多事情的学生，通常拥有比较全面而普遍的知识，这对他们来说是一个巨大的优势。所有的课程都可以使用Google进行搜索，或者是通过维基百科不同的页面来判断其可靠性，但这样做对学生并没有多大帮助，我们仍然需要教授给他们一些最基础的知识。

这就是教师的知识来源。

下面是教师准则在知识教学中所要求的内容：

教师必须：

3（a）具有相关学科和课程领域的扎实而全面的知识，善于培养和呵护学生们在专业上的兴趣，同时也能指出他们的错误理解。

3（b）能够证明自己在学科和课程领域具备批判性的思考能力和理解能力，并且能够提升自己的学识水平。

3（c）能够证明自己在文字表达、语言表达，以及精准地应用标准普通话上，可以提升到较高的水平；无论是否以语文作为专业科目，都能够理解这样做的重大意义，并且承担起相应的责任。

3（d）如果是在上早期阅读课的话，证明自己对系统性看字读音教学法有清晰的理解。

3（e）如果是在上早期数学课的话，证明自己对合适的教学策略有清晰的理解。

几年之前，伊万·吉尔伯特写过一本书，名字叫作《当我已经开始拥有谷歌，为什么还需要一位老师？》。这个书名引人深思，它也是我们在日常教学中应该扪心自问的问题。对我们来说，在信息已经变得如此容易获得的今天，是否可以不再重视教师的讲解？

我推测这是因为我们所处的社会和媒体，过于渲染个性化思想并且强调一种对年轻人过度关注的文化——这些影响，会让学生们对日常的教学缺乏足够的耐心。

我在学校念书的时候，尚未听说过"质量控制"这个词汇，它对学校来说也完全是一个新鲜的玩意儿，因此你在学校上学期间将会遇到什么样的老师，就好像抽彩票一样，充满了不确定性。

如今在学校里，我们正试图在教师业绩方面进行更多的管理，提高教学能力薄弱者的水平，同时也促进那些天赋优异的教师更上层楼——甚至在对后者的管理方面做得更多一些。

我一直认为，学生们根本不需要去容忍那些差劲的教学，如果可以的话，他们大可以绕开那样的教学去自行获得知识。

但是我同样坚信，我们都会很享受在接受一位卓越教师教育时的那种美好的体验，这种感觉可不是依靠搜索引擎获取信息可以比拟的。而且，总的来说，卓越教师总是非常精通自己的专业领域。

在成为一名真正的卓越教师的过程中，毋庸置疑，教师的知识储备是最关键的部分，但是请注意，这并不是说只要有学科专业知识就足够了。

我同样可以推测，大家都有可能被精通专业知识的数学、科学或者是英文老师教授过，但是很多时候我们也讨厌他们所教的课程。

那是因为教师的自身学识能给我们提供的帮助也仅限于此。

根据我们曾经被真正卓越教师教育过的体会，在学识之外，一位教师还必须对自己的学科充满热情。杰出的教师知道得很多，但同时他们也是永不满足的人，总希望能够学到更多的知识。他们不断地阅读、反复地谈论，有些问题在自己还没有完全想明白之前，他们更喜欢别人向他们提出问题——他们喜欢通过这样的方式来挑战自己的知识量并丰富它。

有一种源自于教学的幸福，教师们都会心照不宣，那就是：对自己所教的学科，我们知之越深，爱之越切。你会发现自己在探究艰深的学科专业时，会产生更多的兴趣，因为教育本身就需要你在学生被各种问题折磨得焦头烂额之前，首先找到带领学生步入殿堂的正确道路。教育引导的方法——如何开展教学，可以让我们更深入地反思，让我们更清楚地思考最佳的办法，帮助学生记忆、吸收和实践他们所掌握的知识和技能。

你如何证明自己符合了该项准则

就像我们刚刚说过的一样，精通专业知识对于一个真正优秀的教师来说不可或缺，但是仅有它还远远不够。如果你想成为真正优秀的老师，那么你还需要注意如何运用这些知识，如何教授它们，以及如何运用一系列方法化繁为简，让那些复杂的学习材料变得更简单，更易理解。

这条标准要求专业知识方面的材料来证明。你可能已经拥有了各种资格证明，或者是学科主要领域方面的一到两本证书，或者你已经参加过一轮培训课程，所有这些东西都可以被作为你的专业知识的证明材料。

我们也期望你对专业领域始终抱有热情，这样你就可以跟上它的发展节奏和步伐。其中一种途径就是通过参加学科协会的方式，例如，全国英语教师协会和科学教育工作者协会这样的组织，会定期提供网站的更新，偶尔还会有提供打印的资料，不过对于了解本专业的发展动态，以及本专业的主流观点等，这些资料的价值不大。

你还可以参加各种研讨会或者是教师聚会，这些场合可能会提供给你一张参会证书。如果你是坐火车去参会的话，你可以在回程花上十分钟总结一下你从这样的活动中有哪些收获。同样地，你也可以把这些东西直接放到你的证明材料文件夹中。

罗列注意事项同样也是非常必要的，这些超出了自己所学专业范畴的技能，尤其值得每一位教师重视，这也就是为什么所有学校都特别重视文字材料的原因所在。你可以积累下列的证明材料：

■ 你所标注的有正规格式的自然材料（比如：你对如何让学生取得进步方面做了一些注释和建议；作为回应，学生们要就以下内容给你回复：对你的建议给予他们自己的理解和反馈，并在最后说明他们打算今后怎么做）。

■ 你所设计的反馈表或者是任何你分发出去的材料，是如何帮助学生提升他们的词汇量、构造句子并拼读得更为准确的？

■ 工作提纲或者是课程计划都用文字清楚地做出了参照——举个例子，那些你需要教给学生并让他们熟练掌握的单词和短语。

■ 参加全校性的文字或算术训练的全部实例。

■ 学生课程初始阶段的作业样本，以及同一学年稍后阶段的作业样本，用来对比证明你的教学所产生的影响，同时在你的学科以及其他更广泛的学习领域——比如说：表达、阅读和写作，都起到了促进作用。

话 题

- 对你产生过深刻影响的教师们都是谁？他们是否都是学识渊博的人？
- 在"学习技能与学科知识哪个更重要"的辩论会上，你会支持哪一方？你是否会认为这是虚构的情景，为什么？

● 教学活动中我喜欢哪些方面

　　和年轻人一起工作，我发现从他们那儿学到了很多，这样我更加珍惜我们是如何学习的，以及学习上的障碍有哪些。在自我学习方面，我的的确确成为了一个更加有自我意识的人。

USING TEACHERS' STANDARD 4
HOW TO PLAN AND TEACH WELL-STRUCTURED LESSONS

18

**运用教师准则4：
如何准备和讲授一堂精心设计的课**

　　最优质的课通常都是（尽管的确不总是这样）经过精心准备的。

　　但是，这里的言下之意并不是说他们总是会遵循一些生搬硬套的程式，比如一定要以一个学习计划作为开始，以丰富多彩的活动收尾之类。在教师的职业生涯中，随着你的自信心和专业技能的不断增长，你会逐渐从那些预设性很强的课程计划中摆脱出来，进入到更有组织性的课程计划阶段，这样就可以让你更加敏锐地追踪学生们的反应。

　　但这并不等于说，当你在教室里面越来越权威的时候，你就可以开始抛开课程计划了。

　　相反，有一种认识是这样的：当我们不断地提高讲授技能的熟练程度时，当我们在某个课题上的知识储备越来越丰厚的时候，我们在规划课程的讲授流程时，的确可以逐渐摆脱亦步亦趋，而变得更加自如。

　　当你在烹饪一道新的美食时，在初期尝试时，你会盲目地迷信美食教程中作者的方式，而当你真的谙熟所列的食物成分、烹调工序、时间控制以及其他各种注意事项之后，你就可以从作者的那些白纸黑字中摆脱出来，更多地依从你自己潜心摸索出来的那套方法。

　　这也就是课程计划发展进步的过程和方式。

在你作为一名羽翼未丰的新教师的最初阶段，你的每一次课程计划都会一步一步地在你的思维当中形成模式、添加养分，甚至可能会计划过度。不过我希望那只不过是偶然发生的事情，因为当你面对着一门所要讲授的课程时，计划的重要性并不只是体现在备课上。

它同样也代表着一种思维过程和一种思维方式。

那些在职业早期为课程计划做出的努力，是繁重不堪和紧张不安的。在许多个清晨时光，我们花费大量的时间来锻炼自己，将自己培养成一个更加优秀的课程计划设计者——它帮我们建立起自信和职业保证，还可以帮助我们从内心了解未来的职业生涯应该具备些什么，计划是我们成为一名教师所要具备的最基本技能之一。

因此现在注意我在强调些什么或者忽略些什么：课程计划是非常重要的。但是，当你取得了不错的成绩之后，课程计划就没有必要还是条分缕析、事无巨细，它将转变成一种展示模板，而不只是一份检查清单。

最要紧的就是，你要明确课程计划到底是针对谁而制定的：它是不是为了启发一名课堂观察者的理解而设计的——难道是为了某个确定或者是有可能要来听你上课的人吗？如果你的听众是一名教研人员或者是一名学校领导，那么你的课程计划就需要包含特定的必要信息：

■ 你将要授课的是哪个班级？这个班级所涵盖的目标群体及其能力范围是什么？（比如说这些孩子们有没有特殊的需求？你可以在学校提供免费餐食或是其他诸如此类的活动中来评价他们的行为表现。）

■ 这些学生在之前有哪些知识和活动的准备？——用一句话来进行关联，以便在他们之前准备的基础上构建本节课的框架。

■ 要有一个对应某种能力层级的学习目标——换言之，就是在下课的时候希望学生们学到的是什么；教学计划当中必须包含一系列的活动和任务，不过这些必须围绕着所要学习的知识来设计——用一段准确的评语来描述所有学生可能表现出来的不同程度的技能和知识，这是课程临近结束时的重要内容。

■ 简要地罗列课程中所要开展的一系列的学生活动。

■ 对我而言，还会罗列出学生所必须要理解和运用的重要词汇表，这样做的目的是表明他们在表达能力、阅读能力和写作能力方面的提升是非常重要的事情——就算他们今后成为历史学家、音乐家或者是数学家亦是如此。

除了你自己的课程计划之外，似乎还应该有一份具体的授课计划。这份计划中涵盖了一些其他元素，诸如所需设备、时间安排等内容。但是，如果它真的只是一个授课计划，一份你所授课程的进度模板，那么就先预设不同概念的讲授环节来充实它。把这份授课计划当作一份工作要点来使用，成为随时提醒你不能忘记的重要事情的备忘录。

另一个关于课程计划的观点是，它在你的职业生涯的起步阶段，与你进入到职业生涯的发展阶段有所不同——这里是说，你的教龄也许只有一两年，这个时候你只是刚开始学习教书而已，因此我们有必要更为清楚地规划自己的发展路径。我们还处于学习教学技巧的阶段，在这个过程中，只有通过不断的重复性的工作，以及不断修正工作中出现的失误的方式，你才能塑造出自己的工作风格，并将在今后的教学生涯中不断地得到运用。

在你教师职业生涯的早期，在你逐步培养自己的教学习惯时，你应该尽量把所见所闻、所思所想都记录下来。这样的做法值得你坚持一段时间，因为将来再制定课程计划时，你也许就可以更加得心应手了：因为通过这个阶段的积累，你已经逐渐培养起将不同学生组织在一起学习的能力，还有把各种概念阐述得更清楚的能力，这让你在教学中的创造性更有保障，因此，你的课程计划也就会达到一个更高的水平。

现在，先有条理、有逻辑地把这些资料保存起来，便于今后参考和翻阅。运用简洁明了的时间管理手段，保证学生们从开始上课起就感到安心，对自己学习知识、认知世界和能够完成工作这样的结果充满成就感——也许在一小时或者更早之前，他们还做不到这些。

以下就是教师准则当中所要求的。

教师应该：

4（a）高效地利用课堂时间讲授知识并培养理解能力。

4（b）提高孩子们对学习的热爱和他们智力上的好奇心。

4（c）布置家庭作业并组织其他教室之外的活动，帮助孩子们巩固和拓展他们已经获得的知识和概念。

4（d）对课堂效率和教学方法不断地进行系统化的反思。

4（e）在相关的专业领域，要认真地设计教学，并让自己的课堂充满生机和活力。

你如何证明自己符合了该项准则

在你的文件档案中，还应该增加以下关于其他教学计划方面的案例，包括你是如何规划整个学期或者是半个学期的教学内容的案例。换句话说，你应该如何利用专业上的核心知识和技能，在一个比较长的课程序列中组织策划一些活动，帮助学生建立对这门专业的兴趣。

这其中还包括能够证明你具备这样的能力，即可以确定本专业知识中的重要课题，并帮助学生熟练地掌握它，这一点可以在一个短期的课程计划中体现出来——甚至只是一节课。

如果可以的话，请留心教师准则中的那些条款是如何规定的，针对你已经策划好了的、基于全校范围设计的一堂课或一个活动——那时候你可能正在参与跨学科的讨论会，或者是全校的学生会，也许你所讲授的某个主题，正好是文学、算术、公民教育或者PSHE课程里重中之重的核心内容。

这个规定就是：表明自己具有设计优秀课程的能力，并且能给学生提供精选的代表性案例，这些案例可以超越课程范围的局限，更理想的是，能够超越你的专业范围。

还有一点需要注意：经验告诉我们，在出色的课程计划和非凡的课堂教学之间，存在某种自然而然的因果关系。你很少看到一堂真正精彩的课，是没有非常强大的、深思熟虑的、层层递进的课程计划作为支撑的；而如果在一个细节缜密、构思精妙的课程计划的引导下，教室里仍然充斥着单调乏味的教学或者是混乱失控的氛围，也是难以想象的。

因此，一定要把你的注意力放在教学设计上：这个课程计划想达到什么教学目标？它怎样才能帮助学生学得更多、学得更快也学得更加深入呢？并且，你怎样才能将这个过程准确地展示出来呢？

作为你个人文件资料中的部分，还应包含一些学生的反馈意见。我推荐大家这么做：在每一个课题结束的时候，你应该设计供学生使用的评价表。这种"指南反馈法"可以让你了解（1）学生们对什么感兴趣，或者是不感兴趣（也许你认为它不是那么重要）;（2）为什么他们的思维转换得过快或者是过慢。

学生反馈的重要性在于它可以帮助我们从学生（学习上的新手）的视角得到一些启发，而不是仅仅是从我们（学科专业的专家）的视角去理解。这样做可以帮助我们重新校准教学计划，明白哪儿该增加或者减少一些技巧的使用，或者是在活动的时间上做一下调整。

因此，当我们把学生的反馈集中在一起的时候——在半个学期或者一个单元的教学中，或许只是简单地提出了三个问题，其中一个应该与课程计划有关。你可以像下面这样直接提问：

你觉得本单元的课程设计得如何？

1（不好）—— 5（非常好）

请解释为什么。

作为一种选择，你也可以询问得更加仔细些，包括他们对一些教学细节的反馈：

本课题的教学计划包括X、Y和Z等环节，在每个环节中，我们花费的时间是否合适？我们是应该添加一些环节还是去掉一些环节呢？当我下次再教本课的时候，关于课程计划和时间控制的问题，你会给予我什么样的建议呢？

教师们有的时候会担心使用这样的反馈的后果，就个人而言，我倒不担心。毕竟，优秀教师总是最担心他们在教学上存在的问题，学生的评价可以帮助我们推敲教学细节，使之越来越完善，还可以证明，我们的确在教学计划中采用了恰当的教学方法。这就是我推荐你挑选一到两份正面积极的案例放入你的文件档案中的原因——让它们成为你符合教师准则要求的证明材料。

最后一条建议：作为一名受训者或者一位新手教师，你的课堂肯定经常会有人来观察或听课。请求导师对你的教学计划做出评论——请她特别关注你是如何将纸质教案通过自己的教学实践转化到高效、优质的课堂中去的。如果她已经看到了这一点，请她在听课表格中（如果她没有评价指南的话）将这些记录下来。

把这份听课记录作为另一份资料放到文件档案中，证明你在教学计划中采用了哪些有效的讲授方式。保存好它，把它当作一种提示器，作为在那些黑夜当中引爆你的某个课堂的案例，这样你才算真正了解了如何去制订课程计划。现在你已经变得更有效率了，但即便如此，现实世界中——有时候正如诗人罗比·伯恩斯教给我们的："不管是人还是老鼠，即使最精妙的安排，结局也可能让你崩溃！"

　　这就是教育——总是充满着诱人的吸引力，偶尔却又让人感到恐惧。

📖 话 题

● 你如何理解"一份完美的课程计划"与"一堂精心构思的优质课"之间的区别？

● 在教学计划中，你目前觉得哪个方面是最富有挑战性的？

● 你之前是否有机会在某位教师已经开始的专业课程上，运用她的教学计划进行教学？如果没有这样的机会，你会选择哪位老师的教学计划？

USING TEACHERS' STANDARD 5 HOW TO ADAPT YOUR TEACHING TO
RESPOND TO THE STRENGTHS AND NEEDS OF ALL STUDENTS

19

**运用教师准则5：如何调整你的
教学使之与所有学生的能力与需求相呼应**

通常情况下，那些效率比较低的教师会写一篇看上去华丽无比的课程计划，然后盲目地按照这个计划进行授课，可想而知，这样的课程通常可能以平庸的结果来告终。

就像我们已经提及的一样，一份高效的教学计划无法自动地转化为高效的教学过程，这个问题就出在上面提到的一词——"盲目"，所隐含的意思上。

一个课程计划只有在教室中才可能变得有生命力：它会转变成一系列的问题和活动，让学生们最终能够掌握之前不甚了解的知识，完成先前不能胜任的工作。

简单地说，这就是如何将一份课程计划转变成为有效教学，进而带来有效学习的办法。

教学计划是你在课堂上的"陈述模板"，但同时也是你在有着重要意义的教室中要做的事情，你就是根据学生的能力和需求对课程计划进行打磨的重要之处。

这可能是一个让人望而却步的观点，格拉汉姆·鲁赛尔在他著名的科研书籍——《学习者隐藏的生命力》（2007）一书当中有过揭示：

在我们观察过的绝大多数课堂中，每位学生已经事先知道了教师正在教授的40%到50%的知识……我们已经发现，在同一个教学活动当中，不同的学生个体能够学到的东西是截然不同的，这是因为他们在开始活动之前具有明显不同的背景知识，而且对活动的体验也是完全不同的。

我们很难了解每位学生课前所掌握的知识到底处于何种水平，从而使我们意欲根据学生需求对课程内容进行调整的工作变得十分困难。不过，至少有一个观点是良好的开端，那就是，我们认识到自己所面对的不仅仅是"一个"班级或"一个"群体，而更像是许多不同个体的聚合。其中的一些人在技能和理解力方面已经具备了相当高的水平，而其他一些人则还需要教师的支持和帮助。

从一开始，你就需要站在这样的角度上来认真思考：如何确立一个可以挑战的高度，来拓展面前所有学生的能力水平。这就是说，作为一名教师，你的教学内容应当合理地提出问题、阐述事实、明确目标，同时说明你的期待：学生在课程结束的时候应该展示些什么。

而且，在这之后你应该根据个体的特殊性来调整你的教学，比如，通过对某个需要更多指导的小组保持密切关注，确保他们的理解足够深入，能够获得结论或者询问更多的问题。你可能要为某些学生布置一些额外的阅读或研究任务，或者期待他们的成果能够在精准度上有更高的水平。换言之，这是一个技巧娴熟的老师针对面前学生的特点，定制教学内容或调整对教学方法的关键所在。

这也就是在教师准则当中如何根据学生特点因材施教的方法。

教师们应当：

■ 5（a）了解什么时候以及如何合理地区别对待面前的学生，运用让学生们能够接受的更加高效的各种教学方法。

■ 5（b）关于有哪些因素阻碍着学生学习习惯的培养，以及在多大程度上可以克服这些因素的影响，有着自己的一套独到的理解。

■ 5（c）证明自己在学生的生理、社会和智力方面的培养有清楚的认识，了解如何调整自己的教学来支撑针对不同发展阶段的学生们的教育。

■ 5（d）对所有学生的需求都有清楚的认识，包括那些有特殊教育需求（SEN）的孩子，那些具备很高才能的学生，那些把英语作为第二语言的（EAL）学生，那些有学习障碍的学生，等等。能够运用各种不同的教学方法来帮助和吸引他们，并做出评价。

以下内容是教育教学中最具挑战性的一环，它可能在四个方面改善群体教学的方式。

（1）差异化的资源

在此，我们将根据不同的学生需求使用不同的教学素材。例如，提供一些与不同的阅读能力水平相关的资源——对某些学生要采用一些更具有挑战性的文章；或者你可以准备一本附加的手册，一份关键词汇的生词表，一套介绍性的文件，也可以是任何对需要支持的学生有所帮助的范例或者演示。

对于最有能力的那部分学生，你提供的附加材料能够为他们示范一个高水平的回答是什么样子的，使得他们可以效仿或是批判性地看待它。

（2）差异化的任务

在这里，你期待不同的学生群体完成不同的任务。你可以让学生来挑选各项任务，或者你直接将与他们的需求相符合的任务指派给他们。你所需要注意的就是，当一些最能干的学生已经完成了一篇具有挑战的文章之时，那些能力稍差的学生可能还在查字典。如果让学生自己选择的话，不自信的学习者会自动地去选择那些他们觉得"看上去容易一点"的任务，或者是那些阅读理解和写作部分比较少的任务。

那么在这里，就需要你来分别设计包含挑战性的任务，或者结果一目了然的任务；同时你需要指导学生逐步拓展自己的学习能力，这也是他们最需要培养的一种能力。

（3）差异化的支持

你或者是一名学生教导员，又或者是一名助理教师，在针对不同的个人和小组在工作方面的不同质疑和诠释时，都可以使用自己的教学技能。

这里也需要你关注学生的合作小组，有时候可以把一些在某个观点上有分歧的学生们组合在一起，这样就能够给予他们额外的教学；有些时候则可以在小组里安排那些"专家"学生，这样他们就可以在小组内展示技能，并给其他同学做出榜样。

再次强调，不要在教室活动的现场临时安排这些工作，在组建合作小组的时候你就得提前计划好；在实施过程中，你也得不断干预，只有这样才最有可能帮助学生获得他们所需要的技能和知识。

（4）差异化的反馈

这里可以说明反馈是何等重要，它帮助一个学生了解自己的学习达到了什么水平，以及下一步他得在哪些方面继续努力。

在这里，你也得提前讲清楚针对不同的学生群体你所期待的不同结果是什么。我们在这方面需要更加谨慎一些，因为这有可能在一开始的时候就暗示了结果。我们得从学生名单里，把那些从来没有过出色表现的学生，或者从来没法证明自己能够取得突出成绩的学生的名字勾画出来。

因此，最好的办法是对学生明确指出顶尖水平的表现到底是怎样的，这还包括要指出你希望他们如何做才能达到顶尖水平，然后告诉学生们，人们在学习技能的过程中，有可能在哪些方面出现困难。这也就是体育教练所做的工作——朝着障碍迈进，通过不断的实践攻克它们，这其中要有不断的反馈。

因此，一方面，可以让学生们运用个人行动计划或者是学习日志来进行学习反馈，阐明他们在学习技能过程中发现的难易之处，这样你就可以建议他们下一步在哪些方面进行改进。

以上所有这些都可以作为你在给全班上课时，没能很好地展示你最有力的教学技能的提示器。而另一方面，对于那些个人独立完成或者在小组合作里做同样的工作也能完成得很好的学生，你需要关注他们正在完成的作业或向他们提出问题，以此来帮助他们加强理解，同时可以进一步讲解他们还没有掌握的地方。

这些是直接与小组合作相关的教学工作，这并非意味着整班教学就不好，当然，它同样也是不错的教学方式。但是，不管你在质疑和阐述方面的技巧多么得心应手，也还需要教学引导的其他要素，比如，通过你或者是一名教学助理，让你讲授的教学内容能够更切实地传递到各种群组规模大小不一的学生当中去。

作为一名教师，当教学经验越来越丰富的时候，你在这方面会做得更好。你会知道哪些概念和技能对学生们来说可能是最困难的，于是，你就会去了解和学习可以将这些概念简单化的技巧——当然也不能不让它们过于简化，或者是你可以逐步总结出有助于学生加强理解和记忆各个知识点的各种方法。

你还可以学会如何合理地安排一名教学助手：不管她是一对一地对某个特殊学生开展工作，还是在课堂里或者其他什么地方协助你的教学；不管她是和一个小组一起工作，还是向学生再次讲解一个你已经教授过的概念；再或者，是督促学生们对于课程核心的难点部分做出反馈。

你的方式也许就是组织学生开展一些课外的活动，一些可以在课程内容最困难的部分和稍微简单一点的部分之间架起一座桥梁的活动。

你可以在课堂上组织合作小组或者互助活动，让那些已经"攻克了难关"的同学和那些"尚未成功的"同学同处于一个小组当中。这就可以很清楚地解释，接下来20分钟左右的时间里小组活动是如何运作的；然后，小组活动结束时，你就可以把你发现的依然还在"挣扎"的四五名学生带走，对他们进行额外的辅导。

我把这看作"指引性教学"，我发现这个方法是对我的教学过程最有帮助的一个部分。当我——并非作为一个教学助理或者其他身份的成年人，可以在教室前面看到那些坐在我面前的学生们，眼睛里清楚地写着"我做不到这点"的时候，或者是发现一些学生正在分心开小差的时候，我也能够较好地完成自己的工作。这为一个小组合作学习的教学方式搭建了另外一个舞台，在这里，可以让上面提及这些学生获得额外的教学辅导和提问的机会，让他们今后在整个小组里的发言提问变得更加自信。

你如何证明自己符合了该项准则

这里提到一个你可以用来存档的课程计划上，需要留下一些在稍后可以加以注释的空白处，课程计划中的注释，是来体现你是如何调整自己的教学来适应不同学生的需求的。

类似的事儿昨天我就碰上了：我在做一个11岁年龄段英文课的课程计划时，需要解决一些过去考试中留下的问题。但是，当我们讨论到他们如何完成作业的时候，很明显的是，他们还在为找到合适的注解而纠结。

因此我们改变了战术，将学生们分为三组，每一个小组都要负责记笔记，同时都要找到与每个特征相关的例证，然后将他们找到的结论汇总在一个小册子里，这样大家都可以下载并继续修订它。

然后我对这份课程计划做了注释并将之存档。

我同时也建议你使用你的一学期或半学期的学生评价单来提出问题，例如"你觉得我的课程是否符合你的需要"，或者其他类似的问题。如果学生们回答"否"，那它就可以帮助你找到问题，并以更加自信的心态来回应这些需求；如果他们回答"是"，那么这份评价单就是对你的行为符合教师准则非常有用的证明材料。

📖 话 题

- 你在教学中为了适应不同层次的学生能力的要求，在小组里已经采用了哪些方法？你觉得自己的效率如何？
- 使用调查问卷作为对你在教学讲授过程中的过程性反馈，你觉得这条建议如何？

● 教学活动中我不喜欢哪些方面

有太多的书面作业，我真的很讨厌这一点，感觉到它好像吸干了我所有的创造性一样。也许是我的确在管理控制方面不太擅长吧，但是坦率地说，我还是觉得它们过多了一些，这让我不得不在教授学科知识方面分散精力。

20

运用教师准则6：如何准确地了解学生

　　教学评价是每一位教师教学过程中的重要部分，就现在而言，连续追踪学生并且监控学生的表现并不是一件很困难的事情。试想在一个短暂、常规化的学期当中，回想一下那些分发出去的表单上的分数吧！你很容易就可以想象出上面填写的或勾画的都是"高风险"的东西——学生的测试结果和学校成绩表。

　　但是，真正的评价比这要更加丰富，也更加细致，并且通过将它做到最好，就可以反馈你的教学，同时帮助学生去了解自己是如何取得进步的。

　　如果教学评价是有效的，评价结果就会渗透到你的教学当中。你可以阐述事实，布置任务，然后运用这些有效的评价工具，来帮助你的学生明白他们自己做得怎么样，这样的评价对他们将来取得进步是最有帮助的。

　　因此，从一开始，我们就在以下两种评价方式之间设立了明确的界线。

形成性评价

　　这是为了监控学生学习而设计的过程评价，可以为学生提供有益于他们改善学习的反馈。虽然它可能包括一些数字化的分数或等级，但是它的含义远远不止于此。告诉学生他目前是C-，但是要求他必须向C+迈进，并不会对他起到更多的帮助作用，除非提供给学生一些可以使他取得进步的改进方法。因此，最好的形成性评价就是要经常列举建议或告知学生哪些方面需要更多的改进（在这儿你可以多使用那些有趣味的、表达形式多变的关联词）或者哪些方面可以少做一些（在这儿你要少使用诸如"而且"和"但是"之类的词汇）。

这对于学生来说是很重要的，但同样也会给我们的教学提供信息：它可以帮助我们了解，对于小组中的一些学生而言，我们是否需要提速、减速，或强调某种技能和知识多一些，或是需要重新讲授某些概念。

高质量的评价会在我们的计划和教学中播下种子，当然，有些进行中的形成性评价会由学生来做——依据你给他们的标准，来评判别人的功课或者是自己的功课，准确说明他们做得怎样，以及在哪些问题上他们存在困难。

这才是关于学习的真正有效的评价。

总结性评价

总结性评价通过在一个课题或单元的学习结束之时，参照一些标准或者计分来评价之前和之后的效果。这样做能够显示出学生在学习上取得了多大的成就，他们已经学到了什么，并因此接受某个等级或者是水平的评价结果。

以下是教师准则所需要的标准。

教师必须：

6（a）了解并且理解如何评价相关专业和课程领域，包括个性化的评价需求。

6（b）运用形成性评价和总结性评价来确保学生的进步。

6（c）运用相互关联的数据来监控进步、设定目标并规划接下来的课程。

6（d）给予学生们日常反馈，可以同时通过口头或是精确的打分制，鼓励学生们对反馈做出回应。

对你的意义

这些标准和之前的一条标准相关联，即标准3：展现自己具备扎实的专业知识。这是因为，作为一名专业教师，你需要掌握一些在教学实践中可以做得比预期更好的概念。回顾那些你感触最深和频繁使用的技能和专业知识，我们有可能从中获得更多东西。举例来说，在英文课程教学中，增强学生写作能力的关键性指标就是能够写出更多、更复杂的句子，将不同的观点用各种连接词串联起来，但是避免使用"而且"和"但是"这样的词汇。

这里有一个简单的证明，这两个句子显示学生在写作上取得了怎样的进步：

- 句子A：我喜欢网球，但我通常喜欢玩壁球。
- 句子B：尽管我对网球挺爱好的，但我平常还是更喜欢玩壁球。

因此作为一个语文老师，我知道在讲解更复杂一些的句子结构时，要帮助学生储备范围更广泛的连接词（如"尽管"、"因为"、"在……之后""在……的时候"等）来提升他们的写作水平，这些同样可以在课堂教学中体现出来。

不过，我也知道，当我们评估一个学生的进步时——不管他们是在口头表达还是书面写作中，我都会努力寻找与上述句子类似的例句素材，这些例句素材可以帮助我去了解一名学生在刚开始训练自己的写作能力时的起点和所面对的困难。

因此，如果学生学习的起点就是这样，那么我们的课堂上将会发生什么呢？

下面是一条关于评价所包含的规律，它建立在学习的基础上。

学习重点

在开始一个课程单元或者一节课的时候，你需要能够清楚地知道学习的结果是什么——学生也应该了解能够在这个阶段结束时可以学到什么。你需要清楚地知道学生会在这样的学习过程中展示出什么，你也需要把他们将要接受的评估标准展示出来，这样就建立起一个大的学习蓝图，学习中可以采用的战略战术也逐渐显现出来。

范例展示

作为过程的一部分，你需要让学生去观察一个他们目标方向所瞄准的实例。逐渐地，我觉得每一个班级教室里都应该辟出一个可以展示范文或者最佳作业的专栏，在那里你还可以批注他们为什么如此出色。

但是，有时候反面的典型也能取得意想不到的帮助——通过观察那些（匿名的）并非最高水准的作业样本，让学生去观察并质询。

要了解学生们瞄准的目标是什么，同时让学生们明白，这些没有达标的作业样本在帮助他们更加准确地理解和确立自己的目标是大有裨益的。

练习

这可能是一门课程或者一个单元的核心，学生经历了运用学习背景、评价标准和经典案例这些环节之后，就应该让他们真正开始技能上的实际训练了。

这是学习应该发生的地方，尽管这个时候它可能还有一点混乱，学生们不断地犯错误，屡屡感受到挫折，但之后就会渐入佳境，开始取得小的进步，然后慢慢地他们认识到可以实现自己所设定的目标，于是在学习过程中收获自信。

在这期间，学生通过从你以及其他成年人或者其他学生那里获得有关作业和练习的及时有效的反馈，已经逐渐积累起宝贵的经验。

反馈

无论采用何种方式，比如运用评价标准或者是学习水平指南、观察学生正在写的作业或是提出的问题并对这些表现做出反馈，都可以精确地评估学生接受知识的状态和效果。

作为一名英语教师，我逐渐学会了对学生写作课的书面作业做出很多批注。我会解释哪个地方我没有理解，哪里存在累赘或是不太准确的表达，而哪些部分则的确写得很棒。

通过这样的方式，学生可以看到和听到我们正在努力达到的水准，作为学科专业方面的专家，我可以在他下一步需要加强的部分给出更多更直接的指导。

总结性评价

所有学习过程都要以某种"成品"作为结束——一件艺术品、一种设计、一篇作品、一次展示、一次表演，均是这个过程中积累下来的财富。在这里你可以进行正式的评价，这样学生就能知道他们自己的产品到底做得怎样。

不过，那可不代表这真的就是学习过程的终结。如果你的课业评价一直保持在某个等级上，那么风险就是学生会被禁锢，认为这个结果就是一个最终的、不可改变的裁决。也就是说，你需要提供一些总结性的评语来帮助他们明白，如何才能在下次达到你对他们提出的做得更好的决定和建议。可以期待学生对你的一条评语或者是一个提问做出回应，它可以帮助你建立一个持续的过程性评价机制。

因此，在你的等级评定、分数或者是评语之后，希望学生们能够给出回复——他们感到满意的是什么？他们能够在哪方面做得更好一些？他们学到的主要技能或知识是什么？

你如何证明自己符合了该项准则

你需要证明你的批注对于学生取得进步的帮助是有效的。当你在书上批注时，你可能需要学生做出回应，你可以向他们提出问题——"为了让你的观点更加清晰，你在这里还能做些什么具体的改进？"并且期望他们在下一节课开始时写下自己的回复。

通过采用这个办法，批注就会演变成你和学生之间的一场对话。在这个过程中，保存下一些你认为可以很好地证明这个过程的复印件——如果学生已经对你所提出的要求或建议做出了回复，那么在下一次的作业中，你就可以看到他取得进步的足迹。

为了说明在你的教学和反馈下，不同背景基础和不同能力的学生都可以做得更好，你还需要准备一份学习结果的清单，特别是表明你如何为别具天赋的天才学生以及那些有特殊需求的学生提供教学服务——证明那些最优秀的学生所取得的进步。

最后，运用学生常规调查的方式。你可以让每个班都给你一个评语或者是对你的教学水平给予评价，包括等级评定。大胆地去做这些事：如果你希望像一个卓越教师那样保持进步的话，你会需要来自学生的诚实的常规性评价。

因此，你可以运用一个包含着如下问题的调查问卷：

- 你觉得我给你的批注是否有作用？（没有作用）1 2 3 4 5（作用很大）
- 针对我给你的反馈意见，你是如何改进的？

学期一旦结束，作为你正在进行的自我评价的一部分，这份调查问卷的结果将有助于你改进自己教学过程的关键领域，还会为你提供有用的评价证据，证明你对学生的评价得到了他们的认同。

话 题

- 回想你在学校上学的时候，老师们是如何运用评价的：你遇到过给予你持续的形成性评价并以此来促进你进步的老师吗？或者只遇见了一直使用总结性评价的老师？

- 在书上到处做标记可能导致学生的最大抱怨，就是他们需要仔细阅读分散在课文中的教师批注，你能想到的最好的替代办法是什么？

● 给新教师的建议

在教导学生的过程中尽可能地多给她们一些书面的批注，给予他们最大程度的影响，并指出他们的那些错误理解。我发现我从批注这个办法当中学到了很多，而且它也帮助学生明白他在哪里遇到了学习的瓶颈。

USING TEACHERS' STANDARD 7
HOW TO ESTABLISH (AND MAINTAIN) EFFECTIVE CLASSROOM DISCIPLINE

21 运用教师标准7：如何建立和维护高效的课堂秩序

这个问题可能是那些准教师们最为担心的了。事实上，这个问题会让我们每个人都感到担忧——无论是这个方面的新手还是经验最丰富的老兵。我们在这里要提及一些，然后在本书稍后部分会回过头来继续讨论这个话题。

教书和很多其他的职业不一样，它可不仅仅是你埋头坐在桌子面前，或者是与一组同事进行交流互动就能完成的工作。在这里，最大的压力来自于一群多达三十几位小青年组成的队伍，必须在你上课的过程中始终保持安静和聚精会神。不管处于职业生涯的哪个阶段，我们都会始终担心有的时候自己不能做到这一点。

管理好学生的行为在一定程度上可以理解为能达到教师标准中的这一项。

教师要做到：

7（a）在教室中必须建立清晰的制度和常规，同时要负责在教室和学校各处倡导积极的和彬彬有礼的行为，使之与学校的行为规范相一致。

7（b）对学生行为要有高期望值，建立一个纪律方面的框架，其中包含一系列战术：持续而公平地运用赞扬、同意和奖励。

7（c）高效地进行课堂管理，运用那些符合学生需求的方式方法，让他们体会参与感并激励他们。

7（d）和学生们保持良好的关系，练习使用适当的权威，并在需要的地方果断地运用它。

因此，如果我们采用恰当方法培养学生的习惯，就有可能激励学生产生积极主动的行为。

观察高效能教师的工作，有可能会出现负面作用。我们在观察他们如何面对最难对付的那群学生的时候，往往会对他们在学生面前散发出来的神奇魅力佩服得五体投地。

很多年前，我在莱切斯特的一所综合型学校里进行教学实践，我观察了我的指导教师——布里安·帕林，是如何管理一帮淘气得"无法无天"的8岁孩子的。

在上课结束的时候，他要求学生们保持安静，这样他才可以布置家庭作业。他就站着那里并注视着他们，简短地等候，很快，学生们就乖乖地安静下来。这一切，就像在工作中看到了一位魔术大师或者是一名驯兽师的表演一般。

对我来说，他所做的一些事情，直到我从事了多年教学工作以后，看起来都是徒劳无功或者说是不可企及的，有时候我甚至想要就此放弃自己的教师职业。

因此你得记住，要观察那些具备超凡魅力教师的整个教学流程。通常，他们的超凡魅力是在学校里通过长时间建立起来的，名声来自之前很多届的学生，以及学生家长们。

当然，也许在你的学校里面，你的角色决定了你事先就被天然赋予了一种无需多言的权威——举个例子，比如说是年级组长，或其他类似的角色。在学生们的眼中，职位代表了这些人手中掌握着无上的权力。

但是不要只看职位！你应该观察一名拥有管理技巧的老师，这远比去观察因拥有神秘权力而获得高质量的教室纪律效果要好得多。

做到这一点的基本条件是"参与感"——这种感觉就是融入并影响班级的气氛，能够感觉到有谁的步伐掉队了，还能提前预知一名学生从书桌旁溜走准备去干什么蠢事。

"参与感"可能是我们评价教师最重要的因素。

我们通过在课堂上花时间学习这项技能，并且从孩子们的行为中得到直观的感受。我们通过了解如何将一个学生或是一个小组从一项任务转移到另一项任务上也可以获得经验，还可以通过如何加快节奏以及重新焕发教室能量的过程了解情况。

在这件事情上的观点来源于美国研究学者雅各布·康尼，观摩那些在富有挑战性的班级中工作的教师，他特别注意到，高效能教师和低效能教师之间的不同并不在于他们如何制止可能带来一系列升级后果的不良行为上，而在于他们能够有能力防患于未然，直接在开始阶段控制事态的升级。你可以在马尔科姆·格拉德威尔有趣的短文汇编中读到关于他工作的一段简要记述——《狗的眼中有什么？》（*What the Dog Saw*，艾伦·莱恩，

2009）

这就意味着要为学习营造一种气氛，要有日常的规范，清楚地表达你的期待目标，然后充分地调动你所在课堂当中的情绪热度——所有这些都需要投入巨大的精力。

当某种不良行为发生后，依靠复杂的评判系统来裁决的效率将远远低于事先预防。

下面是如何制定清晰的期望目标。我们认为教师应该像这样才对：

我们必须致力于：

（1）清晰地表达我们的期望目标；

（2）为我们希望学生应该表现出来的言行做出表率。

将期望目标与那些有麻烦的行为进行对比，要应对带有挑战性的行为，我们应当：

（3）为学生提供选择机会，而不是将他们孤立到一个角落。

（4）尽量避免在公众场合公开处理，你可以做好准备在课后对那些犯错的问题进行分别处理，这一点是非常必要的。

在实践中，这就意味着：

（1）作为一名教师，你主导着教室氛围：你问候学生的方式，你站在哪个位置和他们说话，安排座位的计划，教室的温度，你的步伐，结构感和秩序感……所有这些都很重要！

（2）情绪反馈是最有力的方式：微笑着说，"非常棒！"竖起大拇指，叫出学生的姓名。然后你还可以通过面谈、便签条、在家庭作业或日记上的批注、寄到家中的明信片等来不断增强你在这方面的影响力，但要保证应该首先考虑的是一对一模式。

（3）谦虚礼貌不只是一个附加选项：期盼并示范正确的礼仪——提醒学生随时准备说"请"和"谢谢"，让教室的门敞开着，学会倾听别人讲话。通过对自己在礼仪上的严格要求，设定教室道德文化的高标准。

（4）课程计划能够纠正学生们的行为：对于群体行为的最大影响来自于你希望他们需要完成的功课——清晰明确、丰富多样的活动，合适的节奏，恰当的问题设置，以及着重强调希望学生们掌握的知识。

（5）冷静地处理那些不良行为：将焦点集中在这些行为对他们造成的影响和后果上，给予一个选择（"你是愿意继续安安静静地坐在这儿学习呢？还是需要到别的什么地方去呢"）；有必要的话，为这些学生调换位置；但是不要在公开场合进行处理，最好顺延到下课，等其他学生都离开教室后再进行处理。

在良好的课堂教学中，这种冷静的感觉，似曾相识甚至非常熟悉的日常惯例都非常重要，它是课堂管理技巧的一项重要组成部分。

当你训练自己的教学技艺时，当你像一名新教师一样在塑造自己的时候，为自己建立一个要始终坚持的日常规范，其实这些也是你的学生们希望从你身上看到和学到的，比如说：

■ 当他们进入学校时，你站在哪儿迎接他们？

■ 当他们入座时，你要求他们怎么做？（脱外套、放下书包、拿出书本、

演算本和钢笔等类似的文具放在书桌上）

■ 你如何点名？（明确的，公开的，并且是完全安静的状态中）

■ 你如何开始上课？

■ 你如何提示大家，现在是一个活动进入到下一个活动的过渡阶段？

■ 在课程结束的时候，你如何总结所有的活动？复习所学知识，提供练习，在合适的时候对课堂进行总结。

在每一堂课上不断地履行这些流程，并不会让你变得机械呆板，恰好相反，实际上：它可以帮助你流露出自信，确保学生知道你所希望他们做到的目标，然后——其中最大的秘密：它们可以把你从繁琐的事务性管理中解放出来，而创造性地把精力放在真正应该关心的教学重点当中，如教学引导方式、专业中的各种素材，等等。

这就是教学当中最大的秘密所在——持续性地释放你的创造力！

因此记得一定要坚持，让基础打得坚实一些，这样在一个清晰建立的行为框架之中，你会变得更加富有创造性。

📖 话题

● 这里是否有让你感到惊奇或者看上去不太现实的做法？

● 在你的教学当中，哪类日常规范是你需要特别强调的？

● 教学活动中我喜欢哪些方面

　　花时间去教一门你真正喜爱的科目，你会感觉这真是自己的一项特殊专利，这让你精神振奋。在教书和向学生们讲解的过程中，我发现自己越来越像一位专家了。

USING TEACHERS' STANDARD 8
FULFIL WIDER PROFESSIONAL RESPONSIBILITIES

22

运用教师标准8：履行更为宽泛的职业责任

在一些国家，教师的角色总是被描写成这样，教几节课，在书上勾勾画画，然后回家。这种意识在某些国家似乎隐藏得更深，教育尤为强调对年轻人的精神关怀、性格塑造和社会道德与文化的培育。

尽管学校有的时候看上去就像一个考试工厂一般，但实际上我们还是要将最主要的精力投注于培养孩子们更加适应社会的性格特点上。在这一点上，我们有一种强烈的感情存在，希望我们教育系统所能够做的，可以远远比通过生产线产出高效的学生做得更多。我们也希望能够遇到一些其他方面的天才——比如说在音乐、戏剧，或者是运动方面。

作为《教师准则》手册的一名作者，罗伊·布拉彻福德为我们推荐了一本备受推崇并多次被引用的书《1979，一万五千个小时：初中教育以及它对孩子们的影响》，这本书的作者是迈克尔·路特尔与一个研究院的专家组，它为学校的那些隐形课程——那些发生在教室周边或教室之外的活动以及师生互动——投下了一注光明。这个书名来自准确的统计数据，在年龄段从5~16的学生群体当中，平均每个学生将花费15000个小时待在学校里。

作为一名教师，你的很多时间自然是要花费在教室里的，但是这个标准同样也考虑到了你对学生做出的更大范围的工作，以及你对那些小青年们能够施加的影响。要知道在这大约15000个小时的时间里，他们并非都在上课。

下面就是教师标准中说的。

教师应当：

8（a）对学校而言，要在学生的生活和学校理念方面做出积极正面的影响。

8（b）和同事们建立高效的职场关系，学会如何并在何时采纳正确的意见及专家支持。

8（c）可以有效地安排教学辅助人员。

8（d）在通过适当的职业发展、对意见的回应和来自同事的反馈等方式的帮助下，有责任不断改进自己的教学。

8（e）能够就学生所取得的成绩和身心健康状况，与学生家长进行有效的沟通交流。

这样的期望值，对在学校里工作的人来说，可以让学校成为一个充满回报的地方，并且能够让你的教师角色不断"丰满"。如果你在一次学校的旅行中带队或者是一同出行，或者你志愿去训练一支运动队或者是辩论社团，又或者你正在为学校的一个融资项目提供着帮助，就说明你将会为丰富学校的生活做出自己的贡献。

所有此类活动看起来都可以让学校的生活对你而言有更多的回报，也可以向学生们传递一个重要的信息，那就是作为一名志愿者的重要意义，让他们学会将自己的知识超越教室的四面围墙之外，充分体验到亲身投入到活动中的幸福感。

经验告诉我们，那些最踊跃参与到活动中的学生，往往能够从生活中收获更多，他们通常会利用自己的午休时间或是课余时间来积极参与到课外活动中去。作为一名教师，我们当中有很多人都感受过这些可以极大丰富我们教师职业生涯的活动。

需要注意的是，标准中似乎还期待着其他更多的东西，他们提到了懂得如何配备教学助理和其他辅助教学的成年人。这是一项很重要的技能。如果你看到一名教师在给她的班级谈话，而她的教学助理却坐在教室后排的情况，那么通常情况说明这名教师并没有很好地利用资源。

因此，这样的技能就在于认识到教学助理在帮助学生更快、更有效地学习方面，能够成为一种有价值的附加资源。如果你和她之间能提前沟通的话，整个教学过程的效果会更佳，从中她也可以知道这节课安排的活动是什么，而学生所期望学到的又是什么。

教学助理可以为那些可能会在主要活动中有困难的学生们单独准备一个手册或者是一份总结性表格，她可以在教室内与单个学生或者是一个小组的学生一起完成任务，或者她可以把一个小组的人带到教室外的其他地方，以此来确保他们学习到应有的技能和知识。

这是通过不断实践练习所获得的一些经验，而不是偶然间得到的。如果你在教室中有一个日常的教学助理，要确保她彻底地融入到班级学习和管理中去，而且你们俩要配合好，预留时间来对她做即便是简短却是必要的干预性辅导，然后来评价她的效率。

要注意，即便是在你即将参加的培训和对职业发展中所期待的目标也是如此。培训不再是可选可不选的项目：它已经达到了教师标准的关键部分，并且是非常正确的。不过，你可别忘了这些准则为你在学校之外更广阔的生活做的贡献提供了部分证明，因此你可能需要保存一份文件档案或者是日志来记录所经过的培训，可能的话还应该有一份你对自己所学到的知识的简要感受和反思。

最后，本章节提到了教师标准中的一项内容是要与家长保持联系。大多数家长对在他们的孩子成长过程中能够保存下来的点点滴滴是非常珍视的，他们热爱这种活动——就像学生们本身也喜欢它一样——一张手写的明信片或者是从信箱中收到的一封信，尽管它说的东西或许很少，但是可能比"非常棒"这样的评语效果更佳。

尝试着保持用手写的方式来写这样的便条，这比一封电子邮件效果更好，这取决于它的数量多寡。也有其他的一些方式和家长们保持联络，包括参加家长晚间咨询会，当孩子没有按时交作业或碰到其他问题时，给他的家里打电话，等等。

在你的职业生涯早期阶段，在做这样的联络之前你可以与同事交流一下，以此来对你想要表达的观点做一次排练，然后反复考虑如何才能说得更得体。以我的经验来看，用这样的方式来开始接触的过程效果最佳：

你好！是斯黛茜夫人吗？我是你孩子学校的杰夫·巴顿老师。我是莫

莉的英文老师，这儿有一个小问题需要和你进行讨论，请问你现在方便吗？

这样的说法中，糅合了谦虚的礼节和正式的表达，效果直截了当。偶然的情况下，这样的互动交流也会出现问题，不过不要紧，我们在稍后的章节中会再次讨论这个问题。

你如何证明自己符合了该项准则

以下是关于如何保存相关案例的档案材料的典型例子：

■ 参加过的培训；

■ 任何课外活动或参观记录——要保证都是你亲身参与过的；

■ 与教学助理一同计划和评价的具体案例；

■ 来自学生或家长的便签或者是电子邮件，内容中提到对你在精神关怀方面给予过他们的帮助表示感谢。

🏮 话 题

● 在保存一份简明证明材料（证明你的行为符合该项准则的案例）的过程中，你能预见到什么样的问题？

● 有没有哪部分的意见不是你完全赞同的？

**USING PART 2 OF THE TEACHERS' STANDARDS : HOW TO CONDUCT
YOURSELF AS A TEACHER - YOUR PERSONAL AND PROFESSIONAL CONDUCT**

23

运用教师准则的第二部分
如何像教师一样引导自己——个人行为和职业行为

　　该章节的核心内容将讨论作为教师的你，社会应当对你有着何种正确的期待。你的角色本身意味着一种相当大的责任——你所处的位置决定了你要期望并且确保学生的安全，并在此环境下能尽可能地取得最突出的进步。

　　在这个重要的章节里，可能会谈到教师准则当中所需的各种要素。

　　教师标准中是这样说的：

　　在职业上提升公众信任度，不管是在校内还是校外，都要维持在精神上和行为上的高标准。

　　9（a）有礼貌地对待学生，通过相互尊重来种下师生和谐关系的种子，同时要无时无刻地留心符合一个教师职业地位的合适界限。

　　9（b）对学生的身心健康方面需要提供绝对的安全保障，必须符合法定相关条款的规定。

　　9（c）表现出自己是一个宽容的、能够尊重他人权利的人。

　　9（d）不要破坏国家的基本价值观念，包括民主、法律制度、个体自由和相互尊重，要能够包容其他不同的信仰与信念。

在任教学校的理念、政策和实践上要投入适当的、专业的关注，在自己的出勤和守时方面则要维持在一个很高的标准之上。

对法定的框架要有自己的理解，而且要保持始终践行它，因为它传达出来的是教师职业的责任和义务。

成为一名教师，身上所肩负的责任是其他一些职业所没有的，你的引导和行为的潜在影响可能会使学校的名誉受损，或者要冒着成为抱怨者攻击目标的风险——所有这些都说明我们在这个问题上面临一定的压力。

我们必须对自己的行为、我们的方向、我们在做什么等问题，保持小心翼翼的态度。举一个例子，我们和朋友一块儿到城里去，如果要到一些酒吧或者俱乐部，而这一区域却时而有学生光临的话，这将会至少导致你整个晚上都会觉得心里不太舒服。

除此之外，在网络上我们也要学会保护自己——就在几年之前，自我保护意识还仅限于人与人之间的直接和面对面的交往，我们必须对自己的行为负责，不管是在校内还是校外，要经常避免在生活中或者是社交场合中看到学生或者是被学生看到，我们要尽可能地将自己的职业生活和日常生活划分开来。

社交媒体让这一切变得困难起来，因此我们对自己界限的把握逐渐变得重要起来。

如果你在使用Facebook或者是其他一些类似的社交媒体工具，对自己的个人隐私需要非常小心地加以保护，这是因为：

在所有希望获得我们学校职位的应聘者的面试当中，我问过两个重要的问题。第一个是："在你的个人申请表中，你填写的是你没有任何犯罪记录，确定吗？"

我这样问的目的就是让被询问的应聘者坦白地告诉我，他或她以往经历的真实情况。他在一个面试考核小组面前做出的回答，会被我们亲耳聆听，而且我会记录下他的回答。如果实际情况显示出这个应聘者并没有在申请表中讲真话，那么在私下里，我就有理由要么中止这样的面试，要么可以选择在今后解雇他。

因此如果你在过去有过任何攻击性的犯罪行为，已经被DBS 2002年建立的"披露与禁止服务（Disclosure and Barring Service）"档案系统披露过的话（以前叫CRB，即"犯罪记录档案局"），那么你就得在你的申请表格中填写清楚，并准备好在面试的时候对情况加以说明。

作为一个学校的校长，我在这里多次主持过新教师的入职申请面试会，我看到过很多这样的事件，一多半这样的攻击行为是发生在申请者的未成年时代，不过是一些酒精饮用过度或是驾驶安全事故等情况。

我通常会直截了当地问应试者当时发生了什么，并观察他们的反应和神情变化。

但是一旦你发现在面试中有什么不方便直接询问的话，我推荐你给应聘者写一封信，信中要专门提及这次"意外"，并且你要说你希望能有机会和他单独聊聊"为何出现过类似的意外，仍然不妨碍他想成为一名教师呢"。

所有这些，可能都会带来些许不舒服，但最好的方式还是在任何问题上都更直接、更坦诚一些，这总比躲躲闪闪欲言又止更好。如果你能表示自己已经从以往的经验中学到了东西，或者是它如何帮助你成为了今天的自己的话，那么这就最好不过了。

还有第二个问题就是："在你的私人生活方面，如果有什么事情被曝光的话，是否会对学校的声誉造成影响？"

当问到这个问题时，候选者通常会睁大眼睛左顾右盼陷入恐慌当中，这个时候他们很可能在他们的记忆深处搜寻那些琐碎的印记，看看是否真的有什么事情是需要提及的，因此，这时候我会把可能会涉及的内容清楚地表达出来：

如果我通过Google进行搜索的话，能否找到你的Facebook？我可以阅读你的微博微信吗？你是否能提供一些我没有见到过的你之前的生活照片？我在YouTube的视频当中，能找到你吗？

这就是你作为一个教师为什么特别需要充分注意自己言行的重要原因，作为一个把教师当作终身事业的人，你得认识到我们这个职业的本性，会在一定程度上出现一些让你的朋友们感到不舒服的社会表现。

作为一个大量使用过社交媒体的人，我看待这一点的方式是这样的：在通过Facebook或者推特进行任何评论之前，我都会扪心自问一下："如果这些东西放到每日邮件的主页上显示出来的话，我是否会觉得放心？"这就意味着，我不会发出任何可能泄露我家庭生活的帖子，也不会谈及酒精和性的话题，或者是使用不良的语言。如果对一个帖子的内容感到犹豫的话，我会马上终止，不会继续进行下去。

这种自我控制的方式是非常重要的，如果你真的喜爱这个职业，那么这样做就可以将自己因为那些非职业行为而招致控诉的危险降到最低点。

到了这里，你不再只停留在通过你在学校里的穿着、言谈和行为来维护你的职业标准的境界上了，这些期望一直延伸到网络上虚拟世界中的自己：请记得牢牢地坚守它！

📖👤 话 题

● 现在你在网络上是否有什么言谈和行为会让你陷入窘境？

● 你确定吗？

● 如果是这样的话，那么你打算怎么去做呢？

24

HOW TO USE LANGUAGE AS A TEACHER

教师该如何恰当使用语言

本节的标题并不一定如它的字面意思看上去那么蠢笨。

语言是教师的面包和黄油，是他们的看家本事。观摩一位优秀数学老师的工作，你就会看到她是如何灵活地使用阐述、提问的形式，有时候并不总是对问题给出答案，而是运用暂停、沉默、抬眉毛等小技巧。

熟练地运用语言技巧——包括口头语言和肢体语言，是成为一名卓越教师的基础，这也就是为什么它在我们职业生涯开始之初，就值得我们更多关注的原因，最好从我们最早的职业培训当中就开始。

一部分的因素是，在我们职业生涯的早期，容易养成一些坏习惯——除非我们能够有人定期对自己的工作进行"挑刺"，或者是通过录像、回看等持续不断的动作让我们能够意识到自己上课时的毛病——这些坏习惯很容易养成特定的风格、特定的用词和口头禅，从而深深地为我们的说话方式打上烙印。

这也就是我们要在成为教师的开始阶段选择正确讲话方式的重要原因，你值得花上很多时间去观察一名卓越教师的谈吐——也就是说，看看他人是如何高效地使用语言的。

坚持让课堂保持安静

对比一名专家教师和一名新晋教师上的同一堂课，不难发现两者之间最大的区别就在于——专家教师会并且一直要求在他（她）说话的时候，教室里要绝对安静。

要做到这一点，就需要一种来自内部的信任，一种自信——当然，有时候需要要一点点小把戏，这都是建立在"我是这个教室中的成年人，是这个教室的主角儿"的前提假设之上的：首先是我，其次才是你们这些学生；在我说话的时候，你们理应静静地聆听。

如果缺少了教师和学生之间这种不成文的君子协定，那么几乎是不可能有高质量的学习的。因此，从一开始，就要坚持让自己的教室保持安静。我们当中很多人会通过一到两个提示性的口头禅来做到这一点，比如有时候就很有必要跟学生说："大家听我说！"

而你不想去做的是通过提高自己的嗓门来引起班级的注意。有时当你看到一名训练有素或者有着多年教龄的老师不断努力恳求自己的班级保持安静的时候，你甚至会觉得这一切让人颜面尽失而且很令人心痛，没有什么比这种情况更让人觉得不合时宜了。

这就是为什么我们当中很多人会用到诸如"谢谢你们，请大家放下笔看这里"此类的短句。

在此我们有一组观点值得你注意。第一，"谢谢你"在这种情况下通常比"请"的效果更佳。这是建立在学生会照我所说的话去做的假设之上，

146

远比要求我去恳求学生强得多。记得要把"谢谢"作为你的口头禅的常备部分哦。

还要注意的是，可以运用特定的心理期望性短语，比如说像"放下笔"这样的指令。我们知道学生们是否拿笔和能不能够专心听讲之间并没有逻辑上的因果关系，但是这个短句要求他们按照你的命令去做事情，这么说可以通过学生的反应，让你这个老师了解一个清晰看得见的线索——哪些学生正在认真地听你的指令！

如果你不是一个大嗓门的话，那么在说这些短句的时候，你可以通过拍巴掌来引起大家的重视。我有的时候会在讲台上敲打一些钥匙或者是黑板擦之类的物品。我自己拥有——同时也推荐你拥有——针对学生们的一些熟悉的和可重复的提示动作，这些动作一旦做出来，也就是要求他们要保持安静、认真听讲的时候了。

那么，你需要坚持不懈地做到这一点，如果教室某个位置的某个学生没有放下她手中的笔，你就一直看着她直到她放下笔为止，或者说："请放下笔！"——将说话的音量稍稍调高一点点，用一种询问的口气问："你们是否听到我说'放下笔，看黑板'了。"

你还需要不断培养自己口头和动作上的暗示，这对于你营造自己在教室中的绝对权威地位，是必不可少的，你自己要能够驾轻就熟地运用它们，用它们来牵动整个班级的所有注意力，阐明事物，并推动整个课程的进展。因此在"保持安静"这一点上，要毫不留情地坚持下去。

提出更好的问题

教师们总是需要提出很多问题，通常是需要学生来回答出我们已经知道答案的问题。教师如何运用语言，这真有点超现实主义的感觉——并不像是我们在教室以外的现实世界当中一样，通常我们提出的问题并不是为寻找未知答案而设定的，它们被用来确认在我们所认知的领域当中，哪些是学生们所知道的范畴。

高质量教学中一个显著的特征就是高质量的问题，这就意味着，你得反复琢磨你提问的目的是什么，反复考量是否还存在其他的途径，可以获知教室当中更多的学生有机会更广地展示他们的知识面，而不只是一两名学生直接回答出你的问题来。

我建议你通过以下要素来改进你的提问技能。

第一，要树立起一种文化，提问并非教师们询问什么事情的一种古老的仪式，每次都是那几只熟悉的手举起来要求回答问题，另外有几个他们的崇拜者尽职尽责地模仿着他们的答案，而此时剩下的学生们却在消极被动地听课，不是吗？！

对此的确有必要产生一种更高效提问的文化，如果你能做到下面两件事情的话，就会有较好的效果。

首先，要尝试破除学生回答问题要举手的这种强制性政策。要创造出一种感觉就是，教室当中的每一个人都有可能被问到问题，并要求他们给出答案，而不仅仅是举起手来的那几个才有可能被喊到。这对于那些没有见到实际效果的老师们来说，听起来似乎有悖于教育的常理，同样这也能让人可以想象会让学生们感到不安，特别是对那些不知道自己该说什么的学生，会让他们感到窘迫或者造成不情愿的缄默。

这也就引出了不举手提问形式的第二点，你必须留给学生思考的时间，或者是"口头演练"，思考时间意味着可以给予学生们提示。

"我打算要求大家向我解释地震发生的原因，我们从已学过的知识当中找出两三条主要原因。给大家留一分钟的时间来思考你准备怎么说，然后我会挑选一些同学来回答。"

口头演练的意思是给学生们几分钟或者更短的时间，让他们找一个搭档来相互演练。这样的演练方式可以树立他们的自信心，克服掉一些想当然的、自以为是的观点，而且能够引出更好的答案。

有两种方式可以开始营造这种文化，让所有学生都知道你的问题是为他们所有人来回答而设计的，而不仅仅是那些热衷于举手的同学们。

这就是你得提出更好问题的地方了，这就要求你在问题设计的时候，多使用"如何"、"为何"这样的提问类型，而少用"是什么"这样的提问方式。

"是什么"类型的问题，对于回忆一些基础知识是不错的，可以检阅学生们知道的实际知识和理论有多少。但是"如何"、"为何"这样的问题形式能够将他们引入到更深层次的思考，将他们的思维引入到开拓的过程，同样也将我们的教学升华到如何让学生们的技能得到应用、分析、综合和全面评估的阶段。

这也就是我们从一开始就提到的，我们必须对我们的问题精心设计的原因。如果我们很清楚地了解需要学生展示什么样的技能和知识，那么我们就能够从更精心设计的提问中得到更好、更深刻的答案。也许通过更简明扼要的问题，你能够获得比老式霰弹枪式的提问方式更好的效果。记住，用"不举手"的课堂文化来改进你的提问方式，假以思考时间和口头演练，你一定会获得更好的结果。

另外一件事情就是：不要对你从学生那儿获得的第一个好答案立马表示接受！事实上，你要试着对学生的答案减少一些自己的评论，而不是像传统型的老师那样，对每一个学生的答案都评头论足。作为一名老师，我们发出一个问题太容易了，挑选一个举手的同学来进行回答，听完他的答案，然后说"回答得好"，接着继续讲下面的内容，这不过都是传统课堂的传统流程而已。

如果一个学生正在回答问题，其实那个时候我们并不知道其他学生们是否理解到了同样的程度！

因此，你要对学生们的答案准备自己的一套应对方案。先不要对第一个回答表示接受，它只是你在教室当中的"Q&A"文化当中的一部分，要让学生们明白你还期待从其他学生口中得到一些观点和看法，然后再挑选一个人来对他截止那会儿听到的最符合他想法的三个答案加以评论，再之后，可以对其他学生重复做同样的工作。

因此，提问工作变成了我们在小组教学中的一项核心活动，它可以开发出很多新观点，加深学生们的理解，让我们做出判断哪些是我们已经说过的，并且从中可以发现我们如何才可以将自己的学识更好地表达出来。

通过这样的方式提问也许是我们作为教师必须拥有的最重要的技能——它是师生之间互动的一种形式，这种形式看起来是通过其他方式（比如说在线方式）无法复制的，因此你要利用每一个可能的机会来锻炼你的提问技能。如果可能的话，要积极地去观摩其他老师——优秀或平庸的都可以，在上课过程中是如何提问的。

以上这些都将对你大有帮助，通过实践和反思，把自己锻炼成一个更好的提问者，然后一步步地走下去，你就能成为一名更优秀的教师。

阐述方式更高效

作为一个教师，这节所涉及的问题向来是被低估了的，教书过程就是一个不断阐明事物的过程。如果我们在专业科目中对一些现象给予了一段描述——"这就是定期计划表很重要的原因"，或者是描述今天的课程将如何展开，都需要我们在阐明事物上花费很多时间。

经验之谈是，清晰、便于理解的阐述方式是必不可少的。我们经常碰到的实际情况是学生们总是抱怨老师说得过多，不停地重复，或者是在细节问题上纠缠不休。

要想学会清晰地阐明问题，语言天赋不可或缺，这也是你如何向学生展示在自己的专业上如何运用词汇的主要途径。你可以向他们展示怎样才能像一个科学家、历史学家或者是音乐家那样谈吐自如，同时这也是你所肩负的最主要责任。

　　这里将告诉你如何做到这些。首先，要清楚你想要说的是什么，给学生们一个大致的轮廓，但是，如果有一些额外的细节，你最好把它们写在白板上，这样可以让学生们简单直接地进行参考。当你做好这些准备后，你就按照正确的方式在课堂上反复谈论，尤其要把自己当成这个教室中的专家。

　　然而，阐述内容通常得益于简洁的方式，并且能够为学生需要吸收的内容提供出一种起决定性作用的、易于理解的形式。

　　这也就是使用冗余策略而不是不断重复自己的话两者之间的不同之处。冗余是语言学上的一个词语，它（在这种情况下）来自于修辞学。以下是维基百科输入该词条后给出的解释（非常准确）："通过重复使用某些特定的概念，冗余策略增加了他人预见某个信息的涵义和理解该信息的几率。"

　　这也就准确地表达了我想推荐给大家的内容——你只要储备了用于冗余策略的关键词汇和短语，就可以提高你在教学过程中阐述事物和做指导的清晰度，这与你不断地重复自己已经提到过的内容或信息不是一码事。

　　因此假如你想做一段期待学生完成一项任务的阐述，请看下面一段例子。

　　关于英格兰伊丽莎白时代，我们已经学习了几节课了。今天，该大家展示你们学到了些什么了，你们可以通过三种办法来完成这项任务：

　　第一，你们可以三个人一个小组，来商定关于这段时期的主要观点是什么，你们可以通过一组海报或是PPT幻灯片来展示它们。

第二，你们需要考虑一下，如何在一个两分钟的"速约"联系中，向其他的小组成员讲清楚这些知识。第二项任务中所需要的更多细节，我会写在黑板上面。

第三，最后，你可以参观其他各个小组是怎么做的，我要求你们尽可能快地从中获取有用的信息，准备好用最后两分钟时间向我展示你在这段时间内是如何变成一名专家的。

以上就是你们需要完成的三项工作，我们仅有40分钟的时间来完成它哦！

和以往一样，我们将这样的教师演讲提纲用文字的形式写在纸上，看起来多少感觉有点过时，不过你还是得接受它，至少它表明了任务之间的关联性（第一、第二、第三），这些关联词可以帮助学生们在心里勾画出整个阐述任务的结构。它运用了类似"这儿"和"这里"等词语来将学生们的注意力引到附加信息上，它还运用了经典的"三人原则"来组织活动的顺序并且具有清晰的阐释。

在高效的阐述当中还有另一项不可或缺的部分：运用隐喻！优秀的教师可以熟练地将复杂的事物分解成为简单而又不至于过分简化的部分，这样做可以帮助学生对起初让他们感到迷惑的过程逐步理解透彻。

隐喻一般用于我们将一件事情与另一件事情做比较的时候，我们的目的是让学生们对某些抽象的或者无法看到的（比如分子）东西能够可视化，并且运用我们的语言帮助他们看明白接下来可能发生的事情（跳动的分子、相互之间的碰撞、愈来愈快的弹跳）。

这里值得大家花一些工夫去观摩那些卓越教师是如何做的，比如说物理、化学或者是历史，观察这些科目的教师是通过什么样的方法，帮助学生吸收到那些必要的精华知识和概念，并且如何运用他们的能力来做出类比或者是讲述故事。要能够做到这一点，你就完全可以让自己的阐述方式更加清楚、更加有力！

大声朗读效果更佳

当你需要把教科书或者某个手册或者某篇文章中的内容大声朗读出来的时候，这样的重复性工作请你务必每一次都要做好。要给学生们做出示范，什么是优美的朗读声音并且告诉他们如何在课文中运用段落和标点帮助自己加深理解。

以下是一些提示：

■ 在你给予学生们充分的准备时间之前，请不要让他们大声地进行朗读，这有可能削弱他们在公开场所演讲的自信心。相反，应该是你来进行大声朗读。

■ 要确保自己提前通读了课文，这样你对文章才会比较熟悉：这样就避免你被文章当中的一些比较深奥的部分所迷惑，这些部分的内在含义通常是难以用语言表达的。

■ 要运用标点来引导你的朗读：遇到逗号的时候要略有停顿，遇到句号的时候则要比你预计停顿的时间还要略长一点，总的来说，朗读要比自然说话的节奏稍慢一些。

■ 当你朗读的时候，坚持让学生们跟上你的节奏——可以在教室前面设置一块投影，或者是在每个学生面前都设一个电脑屏幕。通过这样的办法，他们就可以亲眼看到一个自信的朗读者（当然，指的就是你）是如何朗读文章、如何变化语调，又是如何运用标点来区分每个段落的含义的。

■ 抓住一切机会向学生们讲解清楚应该如何朗读，这需要破译和诠释整篇课文。

在朗读之前，试着这样做：

在我阅读课文时，我会先看文章的题目，这样我对这篇文章讲的是什么内容就大致心中有数了。同时我也可以尝试发现这篇文章的可信度是否很高——它是否是一位我以前认识的作者的作品？它在公众范围内是否是值得信赖的？我能从中受到什么启发？了解以上所有这些事情有助于我在阅读时，确认对哪部分内容可以坚定不移地加以信任，或者说对哪个部分我必须谨慎对待才好！

在阅读的时候：

我会在我不太熟悉的词语——或者说我并不太确定它在那个位置所要体现出来的真实意义，那儿有所停顿。我会疑惑，这些词语是要提醒我什么吗？或者这些单词是否都会以一个相同的词头开始（比如说是：Photo）？通过这些相似的词头，是否能够帮助我猜测出这个单词的确切意义？上下文的内容（植物和光）对我有帮助吗？作者在文章的结尾部分是否罗列了我可以参考的词汇表，或是下一句话能够让我比较清晰地推测出词语的意思吗？

在阅读完之后：

我会多花一点时间想一想这篇文章究竟在说什么：我会尝试着总结它的主要观点。我可以提炼出三到四个主题观点，或者把这些观点归纳到一张蛛网图当中。我所要努力做到的事情，就是确保我已经完全掌握了作者所要表达的意思。

我的第二项工作是反复思考作者所讲的内容，这样做可以让我的水平不断提高并获得更高的技能——判断自己是否认同作者的观点，而不管这篇文章是我必须相信还是必须争辩的类型。

通过大声朗读，并保证在你阅读之前、之中和之后都做好了评论注释，那么你就完成了一个教师所能够做到的最主要的行为。可以从一开始就帮助那些疏离于阅读之外的、缺乏想象力的学生，引领他们进入到一片文学的乐土上。你帮助了他们，换句话说，就是让他们理解到阅读理解能力是学习的核心能力，提高这项能力可以让人变得更加优秀。如此一来，你就打开了整个阅读的秘密花园！

不要低估语言的魔力

如果你已经读过了上述的建议，并且从"和我没有太大干系"到"他是一个文学疯子"之中悟到什么的话，现在就停止这样的想法吧。语言是我们沟通交流的工具，它帮助我们如何去理解他人。在中学和大学里，正是它让我们的知识和技能代代相传，正是它让学生理解了我们的观点，提高了他们的学习能力，培养了他们的社会技能，将他们塑造成为一个可以走向社会的人。

语言可以如此地定义我们自己，因此不要低估它在班级当中的重要性。

经验告诉我们，如果一名数学老师或者一名科学老师，又或者是一名英文老师、一名地理老师没有足够优秀的话，那么问题的关键往往就在于语言上。

不管是不是因为我们在阐述上不够精当，或者是提出了过多的问题，或者是过多使用概括性的语言——语言对教师来说，一旦使用不当，所产生的负面影响将是巨大的。

因此我们在对待语言的问题上，要不断提升它的重要地位，要能够很好地驾驭它，并且能随时监控你如何处理好语言问题的整个过程。

特别是，将我们的注意力集中于可以收集到的那些沉闷的、令人生厌的语言特征上时，我们还可以从中有所收获，这些语言通常会出现在别的同事主持活动或者在某个会议中听到其他同事的发言，抑或是你正在讲课的某个班里某个学生的言论。

在他们的这种言论里,通常充斥着无用的废话、反反复复的"车轱辘话"或者是陈词滥调——比如说"比如"、"OK"和"你知道我的意思"之类的口头禅。

每一次,正如我们需要经常清洗钻头或者是重启服务器时那样,我们都需要注意自己的演讲习惯。刺激人的话语和不必要的说话风格可能已经根植在其中,而如果我们还没有察觉的话,它会进一步让我们的工作更加辛苦和烦恼。

因此,作为本章节最后的总结,我需要告诉你们的是:要时时注意自己的语言运用方式——不管这其中是否包括你请求同事来观摩课堂并给出反馈,或者是你对自己的课进行录像或录音,或者是运用学生评价系统来对你的教学风格进行公开的反馈等方式,所有这些方式都可以帮助你成为一个优秀的教师。

📖👤 话 题

● 本章节的哪些方面值得你进行更多的思考?

● 你观摩过或所崇拜过或者是畏惧过的其他老师中有什么地方值得你深思?

● 你目前已经自我意识到应该培养哪方面的语言风格了吗?

25

HOW TO USE CLASSROOM ROUTINES TO
ESTABLISH GOOD BEHAVIOUR AS THE NORM

如何运用教室的日常规范来塑造学生良好的行为

创建并维持一个安静有序的课堂氛围是相当重要的，你很难想象没有它你的学生能够高效率地学习。

我们很容易出现的一个问题是，在管理学生行为的时候过于复杂化。我们通常会使用到一个为学生们设计的所谓"良好行为规范"的评价系统，用于防止他们的不良行为，并且一旦他们越轨就加以惩处。

所有学校在理念建设的核心内容中都会做一些这样的事情，学校的出发点在于，总是想要鼓励学生们的良好行为，而不是让学生混乱无序。

然而，尤其对于一名新教师来说，我们通常会被这些系统所迷惑，认为它们就是良好行为的关键所在。

事实上，学生们有良好的行为是因为他们看到了自己所做的事情带来的关联结果，或者是因为他们喜欢这么做事，或者是其他人如此行为获得的非物质奖励在激励着他们。

所以我们要给教室里的日常行为规范确定一个基调，这是非常重要的。只有这样做才能使积极有礼貌的行为自觉出现，而不是有目的而为之。

以下是一些切合实际的基本规则。

总体上，正如先前开头所说的那样，我们必须将目标定位于：

■ 清晰地展现出我们的期望目标。

■ 对我们期望的学生言行做出表率，对我们的绝大多数学生而言，大部分时候这样的方式必须坚持不断的运用才会有效，一个班级中绝大多数人所做出的良好行为也才值得大家效仿。

但是，如果你必须对不良行为做出回应，那么你应当：

■ 给学生们提供选择权，而不是把他们逼到拳击台的死角里。

■ 要避免在公开场合发生冲突，如果需要的话，也要尽量把解决问题的时间放到下课之后。

为行为定调的意思就在于运用一系列的惯例，并且在每一节课上都坚守它们。下面的做法是我非常推崇的。

课堂开始：

■ 应该努力在学生抵达之前，自己先到教室，当学生们进来的时候最好站在门口迎接他们。

■ 确保大家迅速脱下外套，将书和学习用具拿出来，把书包放在地板上，记事簿、家庭作业、日记等应该放在学生的书桌上。

■ 在上课的头十分钟内要想办法点名（就算不是非常正式，也要叫出学生的名字，这一点是很重要的，目的就在于告诉学生点名这道程序是必不可少的）。

■ 将学习目标讲清楚，在课程结束之前要重新回顾一下学习目标。

处理迟到：

■ 永远不要忽视迟到现象，对此你绝不要姑息！你应该彬彬有礼地询问学生们迟到的原因，并以最快的速度判断他们给出的理由是否可以被接受（举个例子：对于某几个学生一同迟到可以接受的理由是，早上的集合跑操他们多跑了几圈）。如果他们给出的理由是不可以接受的，也不要让他们站成一排，而是简简单单地告诉他们：你打算在下课后，等别的同学都离开了，再和这几位迟到者谈一谈。然后，第一步的进攻姿态就是，在学生的记事簿上清楚地写下他或者她在哪一天迟到了，这就意味着他的父母和家庭老师肯定会看到。与此同时，你得清楚以后要对这些迟到者给予更多的关注，目的就在于让其他的学生也认识到，你对迟到这件事情是绝对不会姑息的！

运用表扬：

■ 要尽一切可能去表扬学生，但是这些表扬不能空洞无物——也就是说，要就事论事有针对性地进行表扬。
■ 表扬可以包括：说一句"干得不错"或者颁发一个奖励即时贴或是其他小奖品，在学校的良好行为规范专栏里宣传，或者是在家校记事簿上加以赞扬。

■ 在所有这些当中，说"干得不错"（或者可以带来类似效果的语句）也许是使用最频繁也是最重要的方式了。

处理造成课堂中断的情形：

■ 要对造成课堂中断的学生说清楚，他们的行为对整个班级带来的影响（这里需要提醒的是，重点要放在不当的行为上，而不是针对人）。

■ 告诉学生他是否需要坐到离你更近一点的地方，而不是待在原来的位置上不动。

■ 如果需要的话，调整他（她）的座位。

■ 如果这样的问题行为还在持续，将处理它的时间延迟到课后，并通过私底下沟通的方式来解决。除非这个问题实在是太过于明显了，否则你还是不要当着其他那些好奇学生们的面来处理这样的争端为妙！

结束课程：

■ 留一点时间给学生复习一下他们本节课学到了些什么，必要时要重新回顾本课的学习目标；在黑板上写下家庭作业，让每个学生都记录在记事簿上。在教室里到处走一走，以确保每个学生都这么做了，挨个看看他们的记事簿。

■ 要求学生们安静地整理书包，清洁桌椅（每一天结束时，要把椅子倒置在桌子上），收拾好所有的垃圾，把黑板擦干净。

■ 首先将最安静的那组（或列）学生放学（比一下子全部解散了更好），最好在门口目送他们离开。

树立班级常规：

■ 先于学生到达之前来到教室，并做好点名的准备，在学生到来之时在门口恭候。

■ 开始上课的头五分钟，让教室门开着；任何在该时间后到达的学生就算是正式迟到了，他得在门口交上记事簿；在课程结束之后再次找到迟到的学生，在他们的记事簿中"评语"一栏写下他们在上你的课时迟到了，他们的家庭教师或者家长之后会看到这些并引起重视，同时在花名册上也要记下这些迟到者的姓名。

■ 要提前妥善地安排学生们的座位表，这比让他们自己想坐哪里就坐哪里要好得多。要清楚自己上课的时候，学生们都是按照你的安排就坐的，这样做的目的就是增强这间教室是你的领地的意识！

■ 保证大家迅速脱下外套，将书和学习用具拿出来，把书包放在地板上，记事簿或是家庭作业、日记等应该放在学生的书桌上。

■ 在上课开始的头几分钟点名，要在公开场合做这件事——举个例子，当他们安静坐着时通过叫学生的姓名来点名，这样做是在帮助他们强化"现在是检查出席情况的时候"的意识。

■ 让学习目标可视化——或者是你要使用什么样的程序来让学生在本

课程上学习，通常可以把它写出来，并在课堂的结尾再次回到这个学习目标上来。

■ 尽量多表扬学生，不管是正式还是非正式的。

■ 在提问之后，要给学生们留一点思考时间（比如：用五秒钟想一下你的答案是什么），这样会启发出更棒的答案。

■ 少问缺乏思考价值的问题，而更多的是使用一些开放式的问题（跟我解释一下为什么/怎么发生的？在此过程中的三个要素是什么？我们怎么知道作者的想法呢）。

■ 限制使用举手的次数（这样做只会让一小部分人回答绝大多数的问题），相反，你要说："用30秒钟讨论一下，想一想你们要怎么回答这个问题，然后我要请人来告诉我——不需要举手哦！"

■ 鼓励那些积极参与到学习当中的学生，让他们来组织开幕式、全体会议、主持大会，并对每个人的表现给出反馈，等等。

■ 要对造成课堂中断的学生说清楚，他们的行为对整个班级带来的影响（这里需要提醒的是，重点要放在不当的行为上，而不是针对人）。

当学生中断了课堂或者是打扰了别人，你可以：

■ 停止教学并等候他们安静下来。

■ 用平和的语气阐明必要的行为规范是什么。

■ 要求他们停止扰乱课堂的行为。

■将他们调到别的位置。

■在一些特殊的情况下（比如说是严重的挑衅行为），可以寻求其他同事的支援。

📖 话 题

● 这里有很多东西需要消化：哪一部分内容是你最为赞同的？哪一部分则是你认为不太认可的？

● 在你的教学中，为了给予学生们一个持续不断的期望目标，你需要在自己的储备库中增添哪种类型的教室行为常规呢？

26 如何强调你对班级的期望

日常行为规范涉及到很多东西，就像我们所看到的一样，它们可以释放而不是压制学生的创造力！

有时候，在某些地方将一组目标期望展示出来是非常有用的。偶尔——仅仅是偶尔，它可以在提醒学生们的时候发挥作用，特别是当学生们已经失去了兴趣，在态度上变得懒散和松懈的时候比较管用。

这并不是说需要你去要求学生们随时能够将这些目标口号默写出来，相反，就像在教学中的很多方面一样，它们的作用只是具有象征意义的符号——把它作为一个提示器，把你期望从学生那儿看到的进步变得可视化，这同样也是他们希望从你和其他人身上所看到的！

这里会罗列出一系列学生们希望从你那儿学到或看到的东西。你或许正需要像这样的一个简单的、易于读懂的清单，把它张贴在自己班级的教室内，这样一旦需要的话，你可以随时参考它们。

开始上课

■ 在我抵达之后，请安静地进入教室：我会尽量在你们来之前到教室里。如果我没有做到，请安静地在教室外的走廊中等待。

■ 把上课需要的记事簿和学习用具放在你的书桌上，这样我们可以尽快地开始教学！

■ 仔细听讲并且跟上讲课的节奏。

■ 最重要的是——要保持礼貌，要保持善良，要开朗乐观！

在上课当中

■ 记住只能由我来决定座位的安排，我会定期变换小组的座位。

■ 我会努力向你们提供丰富多彩的课内活动来启发你们对上课内容的理解。

■ 如果你们对哪些地方没有理解，请提问——你绝对不会被嘲笑或者被羞辱，因为你没有不懂装懂，在真正的学习中碰到一些"卡壳"的情况是再正常不过的事了！

■ 别人说话的时候请认真地倾听，不要去打断他们！

■ 记得要一直优雅并且尊重他人！

■ 你可以在课堂上喝水（但是不能喝饮料），要保证这些东西是不会带来健康或者安全隐患的。

■ 在你需要得到我的允许离开课堂的时候，请记得把你的记事簿交给我，我得在上面注明你离开的确切时间。

在上课结束的时候

■ 你可能会被要求回答复习或者反馈一下今天所学到的知识。

■ 记录下家庭作业或者写下"没有布置"。

■ 收拾好书包并等待下课的命令。

■ 记住让教室保持干净和整洁！

话 题

● 上述清单可能被认为是幼稚或者是傲慢的，对此你的反应是什么？

● 你会习惯怎样用它来对班级的期望目标进行反馈？

27

HOW TO USE YOUR BODY LANGUAGE TO
REINFORCE YOUR EXPECTATIONS OF GOOD BEHAVIOUR

如何用你的肢体语言来强调你对良好行为的期望值

这部分内容在我自己以前接受教师培训的时候，是没有任何人传授给我的。到现在，在我参观过几百个班级、观摩了上千堂课之后，自己才慢慢领悟到其中的道理。这些东西和教师的知识范畴和所讲授的内容没有直接的关系，这和他们站在哪里以及如何站立倒是有很大关系，也和他们如何使用手势或者不用手势有很大关系。

我们可以把它们叫作教学小技巧，这是展示在自己班级面前的肢体语言和动作信号——清楚地告诉大家，这个教室是属于你的领土，你有权在这里设定自己的期望目标。

下面我们来看看肢体语言、站姿、手势以及声音，是如何加强巩固你的不言而喻的权威感的。

表27.1　高效能教师会怎么做？

站立的位置	● 要能够站在教室当中的任何地方，而不要人为地去制造出"绝不涉足"的区域——举个例子，在教室后部或离墙几步的区域，你可以大声地进行诵读，这个信号就代表整个教室都是属于你的。 ● 在教室中来回走动。

169

- 强调整个教室里你的权威性——特别要注意，要避免在你自己和学生之间设置一个障碍物（比如说：书桌或者讲台）。

- 在不同的活动或课程当中，将学生们调到不同的位置：创造性地充分利用教室的空间，同时要使用你自己的常用指令。

如何站立

- 静静地保持站立。

- 运用静立等待全班安静下来再开始说话的方式来加强你的权威。记住：一定要坚持这样做！

- 朗读的时候可以四处走动，通常可以选择一个学生座位之后的位置。

使用肢体语言

- 微笑、皱眉、瞪眼……只要需要，这些表情都可以做，不要拘泥于"不要在圣诞节前微笑"这类"箴言"。

- 使用命令式手势——清晰的手臂动作，夸张的赞美，指点，强调性手势，等等。

使用眼神交流

- 用你的眼神扫视整个教室：要让每个学生都感觉到你随时都会看到他（或她）。

- 要用眼神告诉某个正在开小差的学生，提醒他（或她）回到课堂中来。

- 要看着学生们的眼睛。

- 在你和学生之间，要避免纸张、书籍或者笔记本等物品成为障碍物。

使用声音
- 在说话前学会等待。
- 避免重复地使用口头禅（如"OK"、"知道了没有"、"对不对"，等等）。
- 声音要大到足以让最后排的学生也听得到，但要运用音量的质感——既要洪亮，又要沉稳！
- 多使用学生的姓名。
- 要多说"谢谢你"，少说"请"（这样可以加强你的权威，当然这是基于学生会按照你的指令做事的前提之下，而不是你恳求他们去做什么事情的时候）。
- 不要絮絮叨叨地说个不停——对学生来说这样做无疑是一个巨大的灾难，他们会对功课失去兴趣并开始逃避。
- 清楚地进行讲解，询问学生们是否需要再进一步的解释，之后就可以闭嘴了。
- 提问的时候要给学生们留下选择权——要使学生能够通过不同的方式来展现他们已经学到了什么，而不是你问他们一个问题，学生们就按照你的预想第一时间进行回答！
- 用"为何"和"如何"来提问题，少用"是什么"——如果这个方式成为教学习惯，今后你就能够得到更多经过深思熟虑的答案。
- 在期待回答之前要给足学生思考的时间。

使用静默
- 停顿的时间要比全班学生所预想的更长一些。
- 等候并坚守安静的底线。
- 提问之后给出思考时间。

使用表扬和反馈	● 毫不吝惜地通过各种方式进行表扬——运用"干得不错、漂亮、好主意、太棒了、我都没有想到啊"等溢美之词。
社会动力（这可能是最难以打造的部分）	● 在课程开始的时候要从最基础的部分切入。
	● 要改变教学方向来适应不同的群体。
	● 要学会开合适的玩笑，但不仅仅是为了搞笑。
	● 要知道在什么时候说"适可而止"。
	● 要逐渐在学生当中变得受尊敬和受欢迎，但不仅仅只是简单到和学生打成一片：建立友谊只能在教室之外，而不是在教室之内！

📖 话 题

● 上课的时候，你如何知道你应该站在教室的什么位置？

● 你是否会凭直觉自如地使用教室中的一些位置？

● 你是否思考过如何才能避免在教室当中出现那些你"永不涉足"的死角？

● 在上面列表中，哪些是你摩拳擦掌准备尝试的，哪些又是你将浅尝辄止的呢？

● 教学活动中我喜欢哪些方面

　　每天都会有新鲜的事情发生，当然，有时候这会让你感到心力交瘁，你肯定会觉得事情多到千头万绪难以应付。但总的来说，这项工作中的各种变化，总会带来令我们吃惊的回报！

28

如何处理具有挑战性的行为
A部分：探索行为困局

你可以在处理范围广泛的学生行为的过程中，提升自己的教育技能——从具有示范性的行为到那些令人发指的问题行为，都需要你积极主动地去观察别人是怎么应对的。在学校里，你得学会观察那些老教师解决问题的方法。通过观察老教师如何运用技巧来处理问题，看看他们是如何通过自身魅力长期为学生服务以赢得尊重的。要学习他们的处理办法，这是一种"只可意会不可言传"的技巧，似乎是他们与生俱来的能力——他们似乎总能找到何时干预、何时打断、何时温和地说话、何时该忽视的最佳时机。

所有这些都是那些优秀教师们能够做到的，而且，如果他们能在教室中为自己确立一个始终如一的形象，那么这种天赋就会对他们有更大的帮助。

这也就是教师在日常规范学生的行为时更值得注意的地方，这样做的话，学生们私下里对于你性格特征的描述就一定是公平而又严格、亲切却又坚定的。

如果你把课间休息、午休，甚至包括离校之后的时间，也看作是你的教师整体工作中的一部分职责的话，那么你就会在学校中获得不同凡响的名望。这并不是说你需要一天24小时连轴转，只不过把它理解为你自觉地将校风塑造融入日常工作中罢了——要让你自己的生活空间平静祥和而又有安全保障，而不要总是怨天尤人。

这同样也会使学生们极大地增进对你的具体印象，而不是让他们觉得这个老师可有可无或可以视而不见。

这也就是我为什么总是鼓励那些实习新教师们，多花点时间与那些有经验的老师们一同度过课间休息时间、共进午餐或者一同乘坐校车的原因所在。观察一个非正式的词语、一段切中要害的谈话、一句批评或者赞扬的话，都有可能帮助你形成对这位教师的深刻印象——看看他们到底是如何在学校中树立起自己的权威形象的。

这也就是你希望自己将来能够做到的！

有一些可以帮助你将自己打造成这样的简单小贴士，不过在此之前你得记住，要注意观察而且要尽可能地超出自己教学的范围——你一个人猫在办公室里好得多，起码这可以大大提高你在学生中的声望。教师的声望与他的影响力范围是同步增长的，而且，当你获得了自信的同时，你也会很乐意待在走廊上、餐厅里或者是教室后门边……你会把那些地方都作为你与学生之间形成人际交往网络的一个要素。

那也就意味着，你可能会有很多机会去面对一些挑衅行为，你需要把它们都解决掉。在一个学校里，可能会有超过一千名未成年人，不稳定的情绪和荷尔蒙水平会让他们变得焦躁、狂野，一旦有什么超出常理的事件发生，你要记住千万不要太过惊讶。

看一下下面列出的五种"行为困局",思考一下你会如何应付它们,然后接着阅读它们后面的注意事项。这不只是简单地列出"如果……你该如何……"这样的是非选择,行为问题发生时几乎都不会是你所希望的那种简单情况;相反,它们通常会超出你的想象。因此,一旦发生这些情况,我们必须采取相应的措施来尽量减少这些行为所带来的影响。

■ 行为困局1:你在一队高一年级的学生身后走着,其中一位学生随手扔掉一听饮料罐,这个时候你该怎么做?

■ 行为困局2:上级紧急要求你为某位缺席的老师代课,此时全班同学虽然还在教室里,却开始喧闹起来,很快你就看不到刚刚在黑板上布置的作业了,这个时候你该怎么办?

■ 行为困局3:在你的训导对象团队中,有一位女孩还穿着违反学校规定的服装,并一直穿着不合时宜的鞋子。据说她容易动怒,这一点口碑不好。你觉得她遵从学校的统一着装规定是否重要?这个时候你该怎么办?

■ 行为困局4:你正在教授自己的科目,一个男孩却不停地与他的朋友交谈。当你问他为什么不好好上课的时候,他告诉你,你的课太无聊了,这个时候你该怎么办?

■ 行为困局5:你正在一个高一班级上课,听到甲同学称呼乙同学为"丑八怪"。乙同学听到后,开始向你抱怨,要求你做出制止的举动,而甲同学却矢口否认,这个时候你该怎么办?

仔细地思考一下以上困局，我们将在下一章里给出注意事项。

📖 话 题

针对每一个困局需要考虑：

● 在这样的事件发生之前，是否有什么事情是你可以做到的？

● 对这样的事情"睁一只眼闭一只眼"是不是也是一种战术选择呢？

● 你现在已经有了最终决定吗？

● **给新老师们的建议**

在假期中尽可能地多做一些准备工作，事实上，你得对自己的假期有一个完整的计划才好。我喜欢在假期伊始就完成一些工作，在这之后我才能彻彻底底地放松自己，真正切换到休闲模式，不考虑任何工作上的事情。而当返校时间临近，我的神经不断受到刺激时，我会尽可能以轻松惬意的方式来做一些开学前的准备工作，并一一标注出已经完成的事项。

29

如何处理具有挑战性的行为
B部分：可能的应对措施

阅读本章节时你得保持注意力高度集中，这可不是一块简单的陈列板，上面清楚地告诉了你"如果你这样做的话，那么学生就会那么做"。生活可不像那些写在书本上的情况那么简单，你必须随时有万全的应对策略。

这是让人倍感压力的地方。

因此这一章节不是一个讲述完美解决方案的章节，事实上，有很多与行为有关的问题会出现，尤其是与挑衅行为有关的。不要认为这些矛盾冲突都已有现成的解决方案，你可以把这些问题都干脆利落地处理掉。

相反，我们还有很多简单至极的事情都没有能够做好，做好这些事情才意味着我们可以更加成功。面对这样的情况，我们最希望看到的是：学生们开始由此改变自己的行为习惯，并且从他们所犯的错误中收获到经验教训，这才是最为重要的！

如果我们做到了这些，那才是完美的结果！

以下是对上节当中各种行为困局的应对方案：

● **行为困局1：**

　　情景描述：你在一队高一学生身后走着，其中一位学生随手扔掉一听饮料罐，这个时候你该怎么做？

　　应对措施：首先你不能装作没有看见，对这种发生在你自己教室之外的不当行为和坏习惯来说，"睁一只眼闭一只眼"是最简单也最常采用的处理办法。但是，你不能这么做——这是发生在教室与教室之间、走廊上、餐厅里，或者学校运动场里的行为，这些行为都会对校风的塑造产生影响——它看起来如何？它传达了怎样一种价值观？它是否增强了学校的期望目标？

　　一个学生想这样漫不经心的扔垃圾，无视甚至公然冒犯基本的礼仪，必须要警告他，因此你可以像这样提醒他："很抱歉！你可以把刚才你扔掉的那个饮料瓶拾起来，并把它扔到那边那个垃圾箱里吗？谢谢你！"

　　你的这句"很抱歉"已经首先显示了自己的谦虚和礼节，这比直接去当面教训他们要好得多。

● **行为困局2：**

　　情景描述：上级紧急要求你为某位缺席的老师代课，此时全班同学虽然还在教室里，却开始喧闹起来，很快你就看不到刚刚在黑板上布置的作业了，这个时候你该怎么办？

应对措施：要求教师们代一节完整的课这样的事情现在已经越来越少见了，这样做也是对的——这种形式对工作来说是没有积极效果的，它让我们忽略了其他一些更为重要的事情，比如说有针对性地备课和上课等。它还会让我们觉得，当我们在教一群没有固定教师的学生时，没有必要向他们展示出自己良好的教育教学经验。

但是，代课有时候也不无益处，它要求我们克服困难去掌握教室中必不可少的技能，那就是我们有时候的确需要面对一个之前从不了解的班级，甚至是之前从未教授过的科目。它让我们当中的一些人在行为管理方面、在提问方面或者其他核心技能方面培养出不同的战略战术，这些我们在接下来的章节当中还会有所描述。这样说来，尽管一开始我们会对此感到恐惧，但其实我们也应该多去看看别的班级、别的学科中所发生的事情。

在这里答案应该是：我会建议你先找出已经布置的作业是哪些，如果你了解到将要替她代课的这位同事已经布置过作业，那么你第一时间就需要知道那些作业是什么，不要等你抵达教室的时候你再去了解它。你大概不希望一进教室就有30多个孩子争先恐后地问你平常给他们上课的老师去了哪里，或者告诉你他们现在正在做什么吧？他们目前最关心的事情是能不能看一段视频来混过这一整节课，或者你的姓名到底是什么。

因此你必须要在第一时间了解作业，你大概会在一个固定显眼的位置找到作业的内容，比如说在教职工休息室里。或许你需要稍微查找一下作业在哪里，有没有放在那位缺席同事的桌子上？

不管你通过什么办法，一定得找到作业！看到它，你的心里就有底了！没有必要花一个小时的时间来看每个学生的作业，只需要大致翻阅一下就可以。

同时，我还强烈建议你与这个科目的教研组长沟通一下，询问作业的内容，并询问她有没有时间在开始上课的时候来教室一趟。如果可以的话，这会是非常有用的，因为她可以帮助你向全班同学解释作业内容，同时你也可以获得一些专业的建议。

不过，这个困局的意义不仅于此：设想你抵达教室并且没有作业的情形，此时你已经没有机会做准备工作了，你又该如何应对呢？

以下是我推荐的方法：

守土有责！如果班里的同学都到达教室了，你需要释放出信号——现在教室的领地已经属于你的了。通过一段简短、清晰、礼貌的介绍性话语来达到这样的目的，基本上就告诉大家从现在开始，这节课及今后几节课的学习目标就是由你设定的了。请某位同学起立，轻轻地打开一扇窗户。请大家将课桌上的书包全部都放到地板上去，把外套都脱下来，准备好记事本、钢笔，每个人都看向你所指的方向……所做的这一切都是教师强调自己权威的途径。

这并不是说你做这些行为时要具有攻击性，只是要严格而已。

再做其他两件事情：迅速地派一位同学去找教研组长或是某位在附近能够尽快地找出所缺失的作业的教师，然后，通过一些举动来暗示你在这间教室的领地上已经拥有了绝对的指挥权（轻缓地调节教室的光线，深呼吸，站在最能显示你权威地位的位置上——一定要避免埋头潜伏在讲台后面），保持和同学们讲话的状态。希望同学们保持安静，这是你绝对的自信所需展示之处。因此要毫不犹豫地维护它——双手击掌或者轻敲讲台，或者只是说"好的，谢谢你们，请大家注意这里"，或者是其他你惯用的可以吸引学生们注意力的方式。

坚持静默！坚持让大家把手中的钢笔放在桌子上，书包不要放在书桌上，所有的眼睛都看着你这个方向。一定要坚持让大家都这么做，如果仍然有某个人把笔拿在手上，你就看着他说："请放下笔！"

所有这些都是有象征意义的，当然它们是用来塑造你的权威的，为你接下来的上课做好准备。

现在，当大家都还在等候派出去的同学从教研组长那儿带着作业返回的时候，你可以开始自我介绍，告诉大家你今天会抽时间全面浏览一遍整个课程，目前仅仅是在等待着作业的到来。请同学们思考一下，平时他们的老师给他们上的课中，最近一次作业的题目是什么？让我们假设它是在介绍医药的历史。

可以这样跟学生们说：

好了！——医药的历史。如你们所知道的那样，我并不是一名历史老师，所以从这个题目来看，我了解的知识并不多。但是，你们已经学习过这一章节的内容了，因此你们应该知道的比我更多。我会给你们三分钟的时间，每个人找一个搭档，两个人一组进行讨论，再花几分钟的时间回忆医药史中最基本的五个要点，并写在纸上。

然后，在你们利用这几分钟时间进行讨论和记录的过程中，我还会请某些同学起来告诉我他们列举的五个要点分别是什么？不需要举手，记住！我只是需要询问不同的人而已，他们也只需要简单陈述自己的观点即可。然后我还会请其他同学告诉我，他们所听到的最重要的两个要点是什么？

接下来，我还会问你们有关这个主题的其他问题，这样的话，你们可以以小组为单位，向我证明你们所知道的知识，并且将它讲给我听。

怎么样？那么现在你们和搭档的三分钟讨论马上就开始了，赶紧组织好你们的有关对医药历史知识方面的五个要点吧。计时开始！

这样做的话，相当于为你赢得了时间，并且在这个群体中树立了威信，因此教研组的其他老师——可能就在隔壁，就可以有足够的时间到来并布置"正式的作业"。

同时，你在巩固这个班级所学知识的方面也扮演了积极的角色，在这个班级所有同学的眼中，你这个教师给他们留下的影响就是冷静、严格的，同时也是公正和威严的！

● **行为困局3：**

情景描述：在你的训导对象团队中，有一位女孩还穿着违反学校规定的服装，并一直穿着不合时宜的鞋子。据说她容易动怒，这一点口碑不好。你觉得她遵从学校的统一着装规定是否重要？这个时候你该怎么办？

　　应对措施：这是你不可忽视的另外一件事，但是注意不要在公开场合挑起矛盾。在你提醒这位实习老师的时候，你首先要询问她为什么穿了一身实习生的服装来，而她的正规鞋子在什么地方。如果鞋子在她的手袋里面，要求她将它们穿戴好。如果考虑到她容易动怒，你的要求容易被她拒绝或蔑视的话，可以通过按下面的话来说以避免整个情况出现火药味：

　　好了！我觉得我要求你脱掉实习生的服装，并换上我们的统一制服是非常合情合理的。你现在拒绝了，我不希望在此时此地引起更大的冲突，因为那样做的话会让这里的其他所有人分心。不过，我会在上完课之后继续跟进这个问题的。

　　保持冷静！不要有任何激化矛盾的言行，请她课后在教室后面等候。再跟她讲述一遍你要求她这样做的合理性，同时告诉她，你已经同时通知了她的训导老师和年级组长，告诉她你对她的公然反抗感到很失望。

　　然后就可以让她离开了，接下来按照你告诉她的那样去做——通知她的训导老师和年级组长，她的行为违反了学校的纪律，而在你要维护这些纪律的时候，她公然进行反抗。接下来就是，尽量不要让类似这样的事情折磨你或者是困扰你！

● **行为困局4：**

　　情景描述：你正在教授自己的科目，一个男孩却不停地与他的朋友交谈。当你问他为什么不好好上课的时候，他告诉你，你的课太无聊了，这个时候你该怎么办？

　　应对措施：不要引发公开的冲突，这说不定就是这个学生所希望寻找的呢！

　　我建议不要说太多关于那个"无聊"主题的话，而是要将解决问题的焦点放在他注意力无法集中这个毛病上，提醒他总是有上课讲小话的坏习惯，然后给他一个选择权。他可以继续坐在原位置上，但必须得停止讲话；或者他可以搬到一个离你的讲台更近一点的位置上，在整个教师的最前端，问问他愿意选择哪种。

　　这种应对方式的好处就在于你不会陷入那种像小孩子之间争论一般的无聊争吵的泥沼里，去争论什么无聊什么不无聊对于解决问题没有什么实质性的帮助。你需要将你的注意力放在他的行为所带来的不良影响上，这样有可能会分散其他同学的注意力。

　　因此，在你的应对过程中，你有必要将道德层面上的意义抬到更高的地位（清晰明了即可——没有必要一字一顿地说），这也就代表你希望这个班级群体当中的其他人，集中精力听课是多么重要的一件事情。

● 行为困局5：

情景描述：你正在一个高一班级上课，听到甲同学称呼乙同学为"丑八怪"。乙同学听到后，开始向你抱怨，要求你做出制止的举动，而甲同学却矢口否认，这个时候你该怎么办？

应对措施：这又是一个容易被忽视的问题，不过，如果这不是一个在公开场合的"称呼"，那么其实你也不需要在公开场合进行应对。

一种办法是将这件事情的处理延后到下课之后，告诉他们，你要见到当事双方的学生，然后找出谁到底说了什么。如果这个问题还在持续地升级发酵，那么你有必要挪动两个学生的座位，或者至少是警告他们要调换位置，给他们一个选择：要么安安静静地听课直到这节课结束，要么是将他们俩都请出座位。

同时请出两个人是非常重要的，因为这样就表示你并没有事先判断哪个学生做错了什么事情，因为这个时候你还没有展开调查呢。

然后，在课后，给两个学生一点时间让他们分别解释到底发生了什么。这个时候你就可以判断到底是否有伤害人的语言出现，你还有必要向年级组长和训导组长简要做一下事情汇报，因为这件事情也许事出有因，或许以前就出现过类似的事件，事实上，也许它仅仅是一种恶意行为的延续罢了。

很明显，你得按照学校规章制度的指示来处理这件事情。如果这件事情需要对当事人进行暂扣处理，那么你就得按照这个规矩办。就算你已经拆除了冲突的引信，恢复了现场秩序，也得照章办事，你还是得按流程得到校方的正式允许后才能将他们放行。学校在纪律方面的始终一贯的要求，可以约束老师们及其他人试图按照自己的方式处理事情的做法。

如果一旦采取了惩戒措施，你至少需要获得某些口头上的道歉以及他们保证不再犯类似的错误了。

也就是说，对待这类事情的处理最好要更加严厉一些：如果这节课因这样的事情被打断了，其他的学生会被无辜地受到牵连，这个时候做出决定在课后将这两个学生单独留下就是非做不可的事情了。

因此，处理这件事情的主要目的，就是告诉大家你对这样的事情不会睁只眼闭只眼，但是你也不会在未经调查的情况下，直接靠感觉判断是非对错。告诉大家你会处理争端，但你一定会用一种冷静、平和的方式来处理。这一切的目的都在于不断地提醒学生，你们是一个整体，在这里只有文明、良好的行为才能获得认可——其他的事情也同样参照这个规矩来执行。

🏢👤 话 题

● 在这些困局里，你发现哪一个是最难以应对的？

● 对我们给出的建议，你觉得怎么样？你觉得最适合你的是哪几条？

● 你对哪部分的内容特别赞同？

● 教学活动中我喜欢哪些方面

　　真是够奇怪的！虽然你对那些自己标注过非做不可的事情不是都喜欢去做，但当学生们在学习过程中取得了那些让人感到吃惊的成就时，你就会真正地受到鞭策和鼓励。当你看到自己所教给他们的技能和知识已经得到应用和发展的时候，你会感到欣慰无比！

30 如何向学生提出表扬

我们都知道，学生的行为习惯应该在一种强调成功和不断取得进步的氛围中才能获得更好的发展——特别是需要在清晰的目标指引下。

要告诉大家，我们正在做一些可能超越目标之上的事情。

这就意味着即使我们私下里表扬得再多，也还是要注意不要陷于思维定式，也就是只会使用一种常规的方式来赞扬学生，比如说在他的记事簿上贴小红心或者是写评语之类。

也许你能对学生们说的最重要的句子就是：我对此感到很满意！或是类似的评语。

因此记住对学生要多一些赞扬，少一些批评！

这也就是说，不要对任何现象都只停留在肤浅的了解阶段，以至于最终的赞扬无法切中要害。如果一名学生做了什么值得表扬的事情，记得说"做得很好"，但是不要像别人一样，用"酷毙了"、"帅呆了"这样的词汇来赞扬学生，因为它们实在不应该成为教师的表达方式，难登大雅之堂。

如果一名学生做了什么有价值的事情，记住要用这样的方式表扬；如果并没有太大价值，也要记得这么说。

在大多数学校里面，说"做得很好"是大家常备的表扬方式，赞扬一名学生取得进步的全套系统的语言或表达，应该包括以下内容：

■ 在公开场合或私底下对每个人进行祝贺；

■ 对整个班级说"做得很好"；

■ 对每一份作业都写下积极的批注；

■ 在学生的记事簿上写下积极的评语；

■ 用"做得很好"这样的词语签章，或者是粘上赞扬的小贴纸；

■ 给学生家长打电话，告诉他们你对这位学生所取得的进步是如何的欣喜；

■ 在课上展示学生的优秀作业并把它大声朗读出来；

■ 给学生家长寄一份庆贺信或者是明信片；

■ 作为特殊的奖励，可以邀请这名学生去拜访一位德高望重的老师；

■ 在集会上进行公开表扬；

■ 在"成绩表彰大会"上，要大声地宣读学生的名字。

在以上所有这些赞扬当中，最重要也是最简单易行的可能应该是在课后把学生带到一旁，认真地告诉他或她："你刚刚完成的那份作业，给我的印象太深刻了！做得很好！"

人与人之间互动交往的力量往往出人意料，尽自己的能力去运用它吧！

话 题

● 这里是否有什么遗漏未写的东西——是否有你知道的其他更好的
  表扬方式在这里没有提及?

● 这当中你使用最为频繁的是哪几条?

● 哪几条则是你认为今后应该更多使用的?

31 如何成为一个高效训导教师

　　当我在学校面试前来应聘的教师时，我通常会询问他（她）对成为一名训导教师有什么想法。

　　得到的答案通常都是差不多的："嗯，我想成为一名训导教师！这应该是我工作当中最棒的一部分！"

　　有的时候，答案会更加的直白和极端："嗯，当然！校长，成为一名训导教师能够获得更大的权力！"

　　事实上，成为一名训导教师是很多教师所期待的，但我们在学校完成这项工作时同样很少能得到相关的培训，这就造成我们也很少有机会可以观摩其他训导教师是如何工作的，能获得的有价值的经验也就相对很少。

　　最终的结果就是，学校里的训导效果有可能很模糊——这比在教学方面的混淆程度要严重得多。

　　要成为一名高效训导教师，需要考虑的东西很多。大量证据显示，训导教师这一角色在促进学校的学生取得成就、进步、出勤率、个人发展和社会技能等诸多方面，都是不可或缺的力量。

　　一名年轻人和一位关心他、关爱他的成年人之间展开的私人谈话，他们之间的联系纽带是我们平静的日常工作的核心部分。

　　训导教师就是这样的一类老师，他们需要极具耐心、始终如一，日复一日地保持与学生们的沟通交流,他们是学生与教师、家庭之间联系的关键性纽带。因此,训导教师与学生之间的关系,是每一位教师工作中必备的部分。

以下是如何才能让我们做得更加出色的一些建议。

为学生的个人发展和社会发展提供帮助

- 不要吝惜对学生个人的关爱,要享受和学生打交道这个过程。
- 多和学生交谈。根据约翰·韦斯特·伯恩汉姆教授的说法,百分之六十的高中学生在学校里没有和成年人进行过一次正式谈话。
- 表扬、鼓励、激励或者责备他们——只要有必要,不要刻意回避使用这些方法。
- 详细了解并祝贺他们所取得的成绩,在学校内外都可以这么做。
- 监控学生们在学校内和在家里的位置变化。
- 在集体当中推崇合作化的学习方式。
- 为自己的集体塑造一个铭牌,让学生们有安全而且幸福的归属感!

促进学习

- 鼓励在班级中展开兴趣讨论:如何促进学习。
- 在学习方面为大家提供建议,比如说如何复习或者是组织小组讨论。

监控和激励

■ 要对出勤和准时的习惯保持高度的警醒状态，坚持要求每一个学生都做到（不要去考虑任何背景），按照学校的规定进行穿着，并按要求携带学习用具。

■ 保持每天点名、记录的习惯，对迟到者要特别留意。

■ 为了保证良好的出勤率，应该建立一套完备的记录方案，用以区别不同的缺勤等级，对应不同的类别以引起不同程度的关注。

■ 要掌握每个人的优势和不足之处。

■ 使用不同的电子化或者是纸质化的方法，跟踪记录学生们的进步，并在每个学年中的关键时间节点，与他们交流一下所取得的那些进步。

■ 对于学生的进步，要与他们的家长和其他老师保持沟通。

提供支持、福利和指引

■ 创造一个温暖、有支撑力的环境，为学生个人及社会发展服务。

■ 为恰当的行为做出表率，谦虚有礼而又受人尊敬。

成为一名训导教师的技能在于能够创建日常行为规范——你可以在全班学生面前把那些注意事项大声地宣读出来，同时也给予你与其他个人和团体互动的空间。在收获自信的同时，你还会在训导队伍中吸引到一批负责任的学生，他们可以协助你，担负起一些日常工作，诸如班级公告栏中的日常更新工作，等等。

你同样也可以期待，通过这些工作为学生们创造更多发展能力的机会，比如当他们正在讨论某一个主题，或许正在一对一或者小组讨论的时候，你可以参与其中，肯定他们的进步或者了解他们是否有什么感兴趣的课外活动。

这样的谈话会增强你作为一个训导教师的角色份量，巩固你与集体中的每个人之间业已建立起来的和谐关系，并且帮助学生们理解一个学校——通过你，是如何重视和关心他们在教室之外所参与的所有活动的，有的时候这样的活动甚至超越学校范围。

因此，千万不要低估你一旦成为一名训导教师所能带来的影响。在你的训练和教导的过程中，还要尝试着去抓住每一次机会观察其他不同教师的训导工作，看看他们是与学生互动、如何管理学生的日常行为，以及如何帮助学生规划好每一天。

📖👤 话 题

- 在你读书的年代，你对训导教师的工作留下的记忆是什么？你是否还留有印象？它们是积极的还是负面的？
- 你是否已经观察过别的训导教师是怎么开展工作的？他们做得最好的方面是什么？做得不太完善的地方又是什么呢？

● 教学活动中我喜欢哪些方面

不管人们怎么说，教书始终是一项需要充沛创造能力的工作，你不得不每天去思考对一篇文章或者一个问题的多种看法，然后将它们与具有不同爱好、不同基础和不同背景的年轻人们关联起来！

32 如何评估你是否是一个合格的训导教师

我们每个人都知道杰出的训导老师做得有多么棒，他们所做的一切远远超出自己的工作职责。

最近我要求一些富有经验的年级组长给我开一张清单，请他们罗列一下本年级中最高效的训导教师的"最基本"特点。他们交来的清单上所列的要点如下，我已经按照自己的方式将它们转化为一张自我评价表了。

如果我们真的认为成为一名训导教师非常重要（我是这样认为的），那么我们就应该持续不断地运用这张表格来监督我们的工作成效。

我们最有效的训导教师是这样的：

■ 了解并关心自己训导团队里的所有学生；

■ 将监督和目标设定列为自己的核心工作；

■ 明白教室以外的学生管理工作的技巧和必要性——情绪、动机、社会技能、礼仪，如何在复杂的环境下选择最佳的谈吐；

■ 组织能力强，时间管理能力佳；

■ 积极主动地倾听；

■ 关注细节——比如礼仪，运用表达感谢的词汇等；

■ 选择用简单的方式来处理不良行为，而用有鲜明性格特征的方式来肯定良好行为；

■ 一旦做错了什么事情或对什么事情处理不当，马上道歉；

■ 更多地发现学生们做得好的行为，而不是紧盯着他们做错了的事情——换句话说，他们会给学生们发自内心的赞扬，并且运用学校现有的系统来记录学生们各方面的成绩；

■ 关注学生们的生活和感受，同时也注意保持职业上的界限。

上述这些建议无疑为你开始准备成为一名真正成功的训导教师提供了有益的、令人振奋的起点。

有一个问题——其实看上去不算是一个问题：是你不能够经常性地、正式地、近距离地以训导教师的身份被观摩。因此，对你所做的工作，你能够从同事那儿得到的反馈信息非常少。

你可以自己决定大约每学期对你的训导工作做一次回顾，通过一些来自于训导团队中的匿名评语来完成你的自我评价。发给学生最简单的调查问卷，比如说像下面所举例的，每年使用两次，也许就能够帮助你发现，训导时间的目的有时是否需要更加明确地表达出来。

1. 你喜欢训导时间吗？

2. 它是否对你在学校里的其他功课，以及所取得的其他成就有所帮助？

3. 我们怎么才可以进一步改善训导时间？

你不用担心像这样的调查问卷会让你作为训导教师的地位在学生心目

中有所下降，特别是如果你将它们展示给你的训导团队时，你的核心精神是"我们这样做的目的是需要不断提高训导时间的效率，所以，多给我一些反馈信息。我会认真地对待每一份意见，每半学期就会做一次完整的团队总结"。

换句话来说，你是把学生当作一个可以收集有效信息的目标在严肃对待——因此要求他们反馈时也要有严肃的态度。

那么，在有了自我评价之后，我们还可以借助这一张简单的检查清单（表32.1）开展工作。在一些学校里，这张清单已经被用于帮助训导教师反思自己的角色了。如果我们知道训导工作中哪些要素是需要注重的，那么为什么没能尽善尽美地完成好呢？下面就让我们通过这张检查清单来寻找问题的原因和努力的方向吧。

表32.1　自我评估检查表

学习氛围	从不	有时	绝大部分时间	一直如此
我的训导教室有一块专门供训导团队用的注意事项公告板				
公告板上的注意事项和通知会及时更新				
公告板由一到两名学生专门负责				
公告板包括一些不同的素材，比如说表扬、通知、学生们的集体照等				

学习氛围	从不	有时	绝大部分时间	一直如此

我保证学生们会把教室打扫干净之后
才会放学离开

目标期望	从不	有时	绝大部分时间	一直如此

在我的训导团队中，学生都知道他们
应该穿着得当

学生们会安静地等待点名并认为这是
一件非常严肃的事

别人说话的时候，学生们会专心倾听，
并给予别人积极的回应

学生们会按日常规范的要求，请家长
在他们的记事本上签字，并且知道如
果不这么做的话，我们会把这样的事
情当作一个问题来处理

随时保持自己的点名册准确无误，记
录迟到的原因，并立刻发送缺席的记
录信息给学生管理员

我力图创建一种有秩序的氛围

领导力和行动	从不	有时	绝大部分时间	一直如此
给学生们分配一些任务，比如点名或者是收集注意事项信息，管理公告板，宣读"每周思想"，等等				
我告诉学生们在学习时间外所能够做的事情				

师生关系	从不	有时	绝大部分时间	一直如此
我在训导时间内要与学生保持交流，不管是以班级的形式还是以小组的形式				
我值班的时候，会与学生充分沟通				
在和训导主任交流之后，我会和学生家长取得联系，告诉他们学校为什么对他的孩子特别关注				

学习的影响	从不	有时	绝大部分时间	一直如此
在我训导团队中的学生都知道他们在不同学科的学习目标				
我能够说出学生们的优势和不足之处				
我会利用训导时间来谈论计划、记笔记、参与、行为、听课技巧、复习技巧、标准，等等				

201

📖👤 **话 题**

● 关于训导教师的角色，你有什么样的看法呢？

● 你认为你能为这个角色带来什么样的技能？

● 你需要在哪方面进一步提高和发展？

PART 4

第四部分

成为一名教师

那么现在你已经到达这里了：在入口处，或者说是在成为一名教师的早期阶段，欢迎选择这个人类不可或缺而又高尚的职业！

老教师们可能会告诉你，这才是你真正锻炼自己的开始。他们这样说其实是暗示你，你只是刚刚摸到教学本质的门儿而已，周而复始的工作还在等待着你呢！

有些事实的确如此，不过我们会提供给你一项更加均衡的训练，这项训练是教育哲学（为什么教育需要关心）和教育技能（如何介绍波义耳定律）的综合体。

刚刚开始的阶段是容易让人感到气馁的时期，每一所学校的每个新学年总是被描绘得如阳光普照一般充满了乐观氛围。不管你感觉到何等的紧张，这个时候总有兴奋激动、新鲜感带着你进入到教师工作之中。通过一个漫长的暑假，通过当初那些初始培训的日子，你就要和你真正意义上的第一个班级相遇了！

这是不是有点像坐云霄飞车的感觉呢？当然，你至少还是会感受到来自团队的支持和能量，而且，在这个时候兴奋感应该占据着你最主要的情绪，你之前受到的全部培训现在就要有用武之地了。

但是，在初秋的时候，那些阴暗的日子开始逐渐来临。人们——比如说同事们和学生们——开始忘记了你只是一个羽翼未丰的新教师，他们开始关注于自己的工作。你渐渐地感到了孤立、被忽视、容易受到伤害，这种感觉来自于精神层面，此时你要有更认真的应对策略，只有对工作更加用心才能够顺利度过这个阶段。

　　你的职业生涯即将开启，第一重要的还是，让我们开始工作吧！

33 如何申请一份教师工作

你的培训效果不错，而且自己也认准了要把教师作为一生的职业。现在，是时候来确保你如何当好一名教师了，这一章节的内容将传授给你一些关键性的要素！

明智地做出选择

在这里，我会提供一些显而易见的建议给你。首先，你要决定在哪儿上班，也就是从地理位置上选择，然后仔细地考虑一下在城市学校上班和在乡村学校工作之间会有多大的不同。如果你已经处于向高效能教师迈进的阶段，就可能具备了足够的能力在不同的地方和各种类型的学校中圆满完成自己的工作，那么对你来说我在这里提出的建议或许没有太大的价值。

我在这里说到学校位置的选择，你需要注意的一点就是一定要从长期工作的眼光来考虑。举个例子来说，一名教师从一个社区独立学校调动到一所州立学校是非常少见的，部分原因则是，一旦教师们选择了在社区独立学校，他们更有可能会选择留下，这也就是说，他们找到了自己所喜欢的学校生态圈子。对自己不太熟悉的社区，教师们总是不太愿意主动申请那儿的职位，或者甚至会有一点防备心理。这种案例在联邦州立学校中也会遇到，他们曾经收到过来自小型社区独立学校的某位教师的申请信，但他们事先就预设这位老师的经验、课程知识以及其他的能力不足以适应州立学校的教学。

上面所说的这些当然都只是假设而已，但是每一种假设其实都有现实原型和信息的影子，并非空穴来风。而我要表达的观点是：如果你是一个充满了职业上进欲望的老师，那么在你的职业生涯开始的最初阶段，你一定要考虑清楚自己到底适合在哪一类学校中申请职位。慎重权衡和思考的结果，才会让你的职业愿景与学校发展更加贴近一些，你也可以在学校里获得更大的提升，赢得更广阔的未来。

在本书的结尾，我们还将回到"提升自己"的话题上！

认真地申请

对于自己想要申请职位的学校，你可以运用各种各样的搜索工具或浏览器来获得学校的信息（比如说TES），或者也可以借助于其他信息（比如说口口相传的介绍）等。这样反复浏览和过滤这些信息之后，你就不会只看到网站上所说的那些流于形式、显而易见的内容了，你甚至可以读一读教育局的报告或者类似的正式材料。

不过，你得注意，从递交申请开始，你就已经处于被别人评判的过程中了。如果你向一所学校提交了申请信，而这封申请信在第一行就不幸地打错了字，那么你很可能就直接被拒之门外了。因为这至少证明你对这件事情的态度不够认真，你要么就不要指望会接到通知面试的电话，要么就算你接到通知面试的电话，你也会被要求在第一时间解释清楚，为什么你在申请信中居然犯了一些低级的错误。

这么做不是因为我是一个令人憎恶或者挑剔的怪物，总是喜欢在面试的时候羞辱那些候选的新手。事实上，这和一个人的价值观有密切的联系。我相信，如果我们安排了谁去教我们年轻的学生们，可他的教书过程与付给他的工资却不相称，那么我们可能在一开始的招聘工作中就是存在问题的。发现问题、纠正问题，你得从一开始就表现出自己有这样的好习惯。一份表达准确无误的申请信呈放在学校领导的桌子上，清晰而简洁，会为你的面试加分不少！

没有任何事情看上去是那么简单的，但其实它们也并非高不可攀。

花时间准备合适的申请

这一条看起来应该算作常识了，但我还是要"老生常谈"一番。我们当中有很多人总觉得我们没有足够的时间，尤其是身处在现代社会瞬息万变、令人眩晕的生活节奏当中。我们似乎总是疲于招架，绝望地试图赶上当初给自己设定的目标成就清单上那一系列千头万绪的工作节奏。

有时，我们看起来又总是在围绕着其他某个人的日程忙得团团转，而不能做自己想要或者是急需要做的事情。

但是不管怎么样，没有比申请工作更加重要的事情了，所以无论如何你得在日常安排中挤出足够的时间来完成这件事情。通过几个小时的努力，你就可以做这项工作，但如果你是在一种匆匆忙忙的状态下，或者是时间和空间都无法让你感到舒适的情况下来做这件事情的话，那么你肯定无法集中注意力，所需要的结果也很难达到。

那样的状态只会导致我们尽可能快地完成申请信的写作，这样必然地出现很多错误——不管是因为打字排版上的原因，或者是没有完全按照我们职位要求上的信息填写清楚，都会给整个申请过程带来致命的伤害。

从你想要申请职位的学校网站上下载一份正式的通告是很必要的，这份通告其实也是在帮你预先打造未来教师职业生涯的轨迹。因此，把那些可能让你分心的事情暂时都统统放到一边去吧，花最少一到两个晚上的时间，集中精力好好地写上一份申请信，这样才能获得你想要获得的机会：接下来的面试在等着你呢！

话题

● 在你开始培训之前再好好回想一下：你成为一名教师所期望的目标是什么？它们是如何发生改变的呢？

● 迄今为止，你从培训过程中获取的主要信息是什么？

● 用哪些简单的词语可以表达出你要成为一名经验丰富的优秀教师的坚定态度？

HOW TO WRITE
A GOOD LETTER OF APPLICATION

34

如何写一封成功的申请信

本章节，不过是教会大家如何写一份更有实际效果的求职申请信而已。

记住你不是在写一份你要求得到该工作的求职申请信，你是在写一份要求得到面试机会的求职申请信，因此，这样的信要求读起来比较简单，而且能够吸引人。

以下有我对如何写出有效的工作申请信的五条建议。

1. 保持简洁——A4纸的两面，不能再多了，使用简短的段落，让这封信便于阅读。为了让有些地方容易理解，使用副标题来将你的信划分为几个不同的主题，用着重符号强调那些你在信中罗列出来的特别需要阅读者关注的例子。

2. 直接将信邮寄给首席教师/校长，但无须再讲更多的话。

3. 如果你真的想要得到这份工作，那么将你的信与学校公告上列出的标准进行逐一匹配。如果公告上说的"个人要求"中有两栏，一栏是"必不可少"，另一栏是"优先考虑"的话，这两栏通常是要求你填写上自己的技能、品质和经验等，那么你就得仔细检查自己的申请信，看是否已经尽可能地把自己符合招聘条件的特点和优势都清楚地表达出来了。如果你想让阅读者能够看明白信中提及的每件重要事项的话，你可以用粗体字将它们标注出来，这样他们就能看得更顺畅一点，印象也会更深一些。

4.写下你的特殊经历，而不是那些大家都知道的教育哲学理论，下面的写法要尽量避免：

我认为每一个学生都是一个个体，而一个优秀教师的角色就是发现他（她）们的学习需求。最好的教师在他们的教学中，对班上不同的孩子的不同学习需求都有自己独到的教育方法，因此可以根据不同的人找到不同的方法，不管她是天才、有天赋的或者是有特殊教育需求的学生。

在我看来，上面的这段话简直就是陈词滥调，这些话我们随时随地都听得到。你寄给我们的申请信，感觉更应当是要告诉我们：你是谁，你的信念是什么，并且你要通过你所写的内容证明你确实做过些什么事情。举个例子如下：

我认为每一个学生都要被当作不同的个体来对待，在我迄今为止的教学工作当中，我是通过下面几种办法来做到这一点的：

第一，我会根据自己的知识针对不同的学生来进行备课，他们肯定需要不同水平的指导和帮助，这也就要求我的教学面向学生应因材施教。

第二，我一直坚持花时间与那些有困难的学生，或者是那些显露超强学习能力的学生进行面对面的谈话。我想让他们知道我已经注意到这些，并且能够给予他们更多的帮助。

最后，我会在午餐时间参加课外活动（包括做学校网球队的助教等），在放学后，我会与班级中遇到困难的学生进行沟通交流，这些活动丰富了我的工作和生活，让我能够证明自己可以在不同的环境下和学生们一同工作，并对他们施以个性化的指导。

再仔细地审阅一遍你的申请信和简历，不要在不同学校的名字或者校长的名字上出现什么差错——那是你在同时投简历到几个学校时，在复制、粘贴和快速检查过程中非常容易出现的差错。最好是再请别的人帮你好好检查一遍，因为这是事关第一印象的大事。既然你已经在递交求职申请信的时候付出了努力，那么就让这封信给人的印象更深刻、更准确和更有吸引力一些吧！

话 题

● 这个方面有什么让你感到意外的吗？

● 你的申请信草稿出炉之后，你打算让谁来帮你通读一遍，并且给你一些建设性的意见和反馈呢？

● 教学活动中我喜欢哪些方面

笑——与同事和学生们一起发自内心地欢笑！作为一个成年人，我们的周围通常充斥着一些人喋喋不休的抱怨。但是经常和年轻人在一起，兴许就可以给你多一些乐观主义和更多的欢笑声，它可以让你的精神境界得到提升！

35

HOW DIFFERENT
APPLICATION LETTERS COMPARE

比较各种申请信，你发现有什么不同

阅读建议通常是非常有用的——比如，在教室里的时候要守时，有时候通过对照一些申请信的样本，可以更有效地帮助我们了解申请信应该包含什么或者忽略什么。因此，你可以参照以下的样本来反思自己哪些做到了，而哪些没有做到。

这里有一些针对一所学校所公布的招聘信息而发来的真实信件的例子。出于个人隐私考虑，有些细节我们做了必要的删改。

我的建议是：针对每一封申请信，你在阅读之后都要从两方面——（a）喜欢；（b）不喜欢，来同时考察它的内容和风格。自己可以做些笔记，最后我会提供一个简单的点评。

信件1

我在2010年完成了自己的教师培训，下定决心在德比郡开始我的教师职业生涯。这一次我坚信能够把自己打造成为一个高效能教师，我已经做好了准备去迎接新的职业挑战。我在诺福柯郡长大，现在已经决心回到我熟悉的这里并继续发展自己的事业。

　　现在我基本上已经准备好了离开德比郡，大约在圣诞节后或近期就会离开，在头两年的教学工作中我所积累的知识和经验可以支持我做出这样的决定。

　　在之前的工作经历中，我曾经在学科组长缺席的情况下承担过几项重要的职责。这当中包括作为内部的检验员，在BTEC音乐课程（2~3级别）当中担任领导小组长，所介绍的这些工作我都从事了超过两年。为了获取理想的成绩，我经历过一个在线评价并向相关教育组织递交了我的工作样本，这样保证了他们可以监控我的实际工作。这个过程包括分析数据，评估其他BTEC中心的老师们所给出的分数，以及其他本学科老师们所给出的分数，之后再向Edexecl组织递交一份我们在这些课程中开展最佳实践方面所取得的进步。在这里，我可以对我们所取得的成就和进步再次强调一下。接下来根据Edexcel回复的报告，我又拟订了几个单元的教学计划，同时为了改进这个学科中的课程开发了一些新的资源，这也是一份需要对各种证据、材料进行采编和归纳的工作。与此同时，我还开发了一次性的评价方式来更加精准地契合其他专门的标准，在通过和BTEC学科领头人的合作性工作当中，我自己有能力尝试和完成一些类似这样的转变。这个过程极大地提升了我在开发一门基于特定细节的课程上的领导能力，并让我能够为学习者所取得的各种成绩担负责任。

　　在所有对学生的课程开发和进程中，各项课外活动尤其重要。我在这一方面充满了激情，我会尽我所能让学生们和同事们参与到一定范围内的音乐活动当中。纵观我的教师经历，我曾经领导并组织过一系列这样的活动，比如说合唱团、室内音乐会和交响乐团等。在我任教于斯坦顿高级中学的两年中，我组织过一个西部非洲鼓乐的音乐活动，在学校内外进行过数场演出，其中包括一场非洲主题的婚礼。我同样还领导组织过一些更大规模的项目，比如说在今年早些时候主持过一次"乐队之战"比赛。目前我正负责着一个键盘俱乐部，我们的目标是在关键的第三阶段培养和发展学生们的理论技能，同时会在训练表演的时候提供声乐上的支持和钢琴伴奏。

　　在过去的两年里我教授的课程是AS和A水平级别的音乐技巧，在我兼职做自由音乐人的这些年中，我积累了丰富的技艺和实践经验，让我可以适应一系列不同的专业环境。作为一名教师，我相信这些年的努力会极大地帮助我，也会为我的学生们带来一些类似的体验，不管是在教室之内还是之外。我同样也乐于激发学习者们新的音乐风格和音乐灵感，让他们体验前所未有的新境界，这当中就包括在现实环境下在全世界范围内关注音乐，关注真正的音乐家们在社会上是如何工作的，并在音乐领域保持与当代的艺术家和潮流变化的同步。

　　我是一个友善的、易于打交道的人，乐于与同事们和学生们建立很强的工作纽带，而且我也相信这些是学习成功和进步的基石。在面对压力的时候，我能够以幽默和冷静的方式来对待，而且每时每刻我都努力地做一个真实的人。能成为一个可以用欣赏音乐和享受音乐来鼓舞年轻人的老师，对我来说非常重要。我会尽可能地也向他们提供一些曾经发生在我生命中的"幸运时刻"的机会，而且我会在萨福柯中学里继续开心地从事这项工作。

信件2

对我要申请的职位来说，我有自信成为其中的优秀候选人之一。我希望能在贵校教授语文课，因为我对我自己在这门学科上的能力充满自信，这一点从我在念书的时候就已经具备了。尽管我在利兹的培训的确是有价值的和令人愉悦的，但我还是想回到我的家乡并为它服务，幸运的是，当我回到这里进行考察后，发现这儿有很多学校向我敞开着大门。

我知道你们是一所真正优质的学校，在所有课程上一直在为卓越的教学和学习而奋斗。我自己能够引以为豪的事实是，在职业生涯的早期阶段，我就能够把课讲得很棒，特别是在一些具有挑战性的情况下尤为如此。

我深深地热爱我所教的这门学科，我如饥似渴地保持学习，这意味着我的专业知识在与日俱增。因此到目前为止，我已经教过很多课程项目，所教学生的年龄范围跨度也很大。这些课程包括：现代戏剧、莎士比亚、信件和简历写作、青少年科幻小说、媒体写作和非虚构纪实、罗尔德·达尔、狄更斯、哥特式恐怖体、卡通片制作、电影欣赏、诗歌（包括现代的和古典的）、现代小说、写作的创造力和谈话式语言。

我明白良好行为的管理是实现卓越教学和学习的最为关键之处，在我目前工作的这所有特别挑战性的学校当中，我享受那种寻找到创造性和革命性方式的挑战所带来的愉悦，它们同样也会鼓舞和激励着学生们从中获得深厚的回馈。我希望你们会认同这对于学校行为管理政策来说是一以贯之的、"严厉而又公正"的办法，它的目的在于能够提高行为管理的效率。我认为一个态度亲切的教师对于学生来说是很重要的，他们可以将正面、积极的东西带给学生们。我可以自豪地告诉你们一个事实，那就是，我所有的学生都具有良好的人际关系，而且我知道我的关键职责就是帮助他们尽可能地释放自己的潜能！

最后，我知道一所好的学校需要优秀的员工。对于基于班级之上的其他责任而言，一个教师的角色包括团队工作和分享好的经验，有效率以及能够关注各种细节，保持准确的记录，写报告及其他类似的工作，我可以保证以我的能力能够将这些事情都做到最好！

信件3

我能够到一个可以让我感到兴奋并激励我的学校工作，这样的职业方向转变让我感到这样的幸运机会来得是多么的不可思议。我一生所迷恋的科目就是地理，也一直希望能不断地从这门学科中获得知识并融入自己的理解，这让我开始学习地理的PGCE课程。通过这门课程的学习，我在个人和学术方面都得到了发展，并且能够成功地应对一个个出现在我面前的挑战。

教育对我而言是我的追求，我的目标就是能够与别人分享我的热情，帮助学生培养受益终身的兴趣，以及对周围世界的一份敬畏和探究之心。不同学校的观测点已经呈现了不同的困难和挑战，而所有的这些都充实了我的教学工具。但是，还有一个因素我会始终要考虑：如果给学生提供的是一个安全的、支持性的、令人鼓舞的学习环境，那么这样的学校文化就能够将我吸引到你们的学校中来。

在你们的网站上，我注意到有大量的课外活动，这一点让我的印象非常深刻。我非常坚定地认为，在教室里面的成功，同样是由教室之外学生对各种课外活动的选择、举办、组织和参与来支撑和完成的。有这样一种信仰和风尚的学校是我乐于成为其中一员的最主要原因，我愿意在这儿继续扮演一个教师的角色。

我同样也坚定地认为，教室必须为学生的学习提供合适的学习氛围，在这个区域内，我可以决定什么时候开始计划，什么时候结束上课。学生们在这儿不需要害怕充分地表达自己，他们也会在这样一种环境下发现课程不仅对他们有帮助而且是令人鼓舞的，而且会不断挑战他们的思维水平。我相信学生们会因受到激励而产生更多的问题，而我的座右铭就是：最愚蠢的问题就是你什么问题也不问！

因此我会有效地使用好的评估机会来计划对班级进行鼓励，以此确保学生们都充满动力并受到激励，相信他们自己能够达成目标并养成良好的习惯。在课堂上，我会为各种学习方式尽力提供课程计划，通过使用PPT、投影胶片以及其他多种素材为视觉、听觉和动作类学习者提供帮助。

我非常清楚为学生打造合适的学习环境是非常必要的，要把他们当作个性化的主体来教学，同时保证他们可以体验到高质量的学习。我将努力通过反思训练、听课能力锻炼和对同事提出意见的行动回应等来达到这个高度，这些都将使我的教学水平达到了最高的标准。

为了在现在的学校中让我的团队和学校生活保持完整统一，我自荐带领9岁年龄段的橄榄球队。我认为如果我们需要得到学生们的尊敬并建立良好的师生关系，一项课外活动不仅可以得到回报，同样也是不可或缺的。以我的经验来看，学生们也希望看到自己的老师是一个具有运动天赋的人，而不仅仅是像他们在教室当中看到的那样只会讲课。这样的联系，证明教师们同样也是人，而且我也相信，这对建立牢固的师生关系是很有帮助的，这些事情要从教室里就开始执行。

我热切地希望自己能够深入参与贵校课外活动的建设并起到积极的促进作用！

好了，现在你会怎么想呢？哪一封信最能引起你的兴趣，为什么？哪一封信又是你认为最不可能成功的呢？

我的评语

一封申请信只有一个单纯的目的：得到被邀请参加面试的机会。在那个时候，你可以有充分的时间来证明你的技能和品质。因此，不要把一封信写得面面俱到、什么事情都不放过。记住，永远不要写得超过了A4纸的两面，不要用小于12号字体大小的字来写信，保持段落简短而清晰。如果需要增加清晰程度的话，请使用副标题或者是着重符号。

在一封信当中我会想要看到：

■ 与教育事业有关的热情；

■ 与学科教学有关的热情；

■ 你会给我们的学校带来的经验或技巧的大致描述。

信件1

一封好的申请信，它勾勒出了一些有前途的经验总结，它是很容易阅读的，尽管在信的中间部分写得有点过分陷入细节当中了（我的个人观点）。但总的来说，它其中包含了热情的细节。如果再使用一些副标题或者把段落缩短一点儿的话，那么这封信就会更容易理解一些——不过这只是我的个人偏好而已。

信件2

这是一封很普通的常规申请信，它谈到了对学科方面的热情，但我还想知道更多具体的实例。申请人在信中过多使用了"如果我被录取了，就能怎样怎样"这样的措辞，而不是直接谈论她在相关领域已经具备的经验。

信件3

这封信可以说是其中很特别的一封，在这封信中你似乎可以真正听到作者的声音。如果能有一些作者参与过的特别的教学案例或者是活动案例的话，这封信会更有实际效果，也能够使阅读者从中获得更多的反馈，不过这封信在课外活动的参与方面令人印象深刻！

那么我自己对于这三封信的优选顺序是：1—3—2。

话　题

因此，再来看看这三封申请信吧。想象一下如果你也是看到招聘公告后来参与角逐的一位应聘者的话：

● 你对这三封信的优先次序是怎样排列的呢？为什么这么排序？

● 你会打电话让哪位申请人来参加面试？

● 翻看你认为最佳的那封信：它还有改进的余地吗？

如何在面试中获得成功

　　如果你的申请信没有什么问题的话，那么之后你将会得到面试的机会。这一部分将为你的面试提供一些建议，因为毕竟对你来说面试当天是倍感压力的一天。接受我们的建议，将有助于你成功地获得这份工作（当然前提是你真的想要获得它），而且确保你从中可以学到对未来有更多参考价值的经验。

接受面试邀请

　　和以前相比，一所学校从接受申请信到邀请候选人来参加面试之间的周期，现在已经大大缩短了。这其中的部分原因是，对那些最优秀的候选人的招聘工作竞争更加激烈了，还有部分原因是人们之间的信息沟通交流更加迅捷了。通常情况下，我们会在几天之内就拟出一个参加最终面试的候选人名单，之后就开始填写并寄出给每个候选人的面试邀请函了。

　　如果时间紧急，特别是已经接近指定的约谈时间时（10月份期中假，或者2月份期中假，或者尤其是在5月份期中假的时候），如果一份已经确定的申请信是通过电子邮件发过来的话，我们会直接给申请人打电话，通知她可以来参加面试了。这取决于申请者的数量多寡，以及确保每位应聘者能得到准确通知的紧急程度。

很多学校会在一开始通过电话跟你联系上，电话通常是行政管理人员或者是校长助理；如果需要的话，他们还会发一条短信给你。这些信息就是通知你，学校已经收到了你的申请信，现在正式邀请你来面试。

如果你方便的话，应该把他们对你说的话记下来，而且很有可能她们会要求你在面试的那天上一堂试讲课。这很容易办到，对于我们每天接受到的各种眼花缭乱的信息而言，这样的电话通常是未经预约突然打来的，你真的不太能确信听清楚了电话里说的每一个细节，因此，把它们写下来是最好的习惯。

关于具体细节，你最好应该知道下列情况。

■ **在面试日那天：**

——什么时候抵达？具体地点在哪里？（比如说有没有接待处）

■ **对试讲课的内容：**

——他们希望你讲哪个主题（或者是任意）?

——所试讲的是哪个年级，能力如何？

——班上有多少个学生？

——试讲需要讲多长时间？

——可以提供什么资源（比如说黑板、电子白板、WIFI等）?

——哪些人会来听课？

有可能你没有机会把上述情况都了解清楚，因此很重要的一件事情，就是你得询问给你打电话的人：他们是否有正式的电子邮件通知发送给你？如果你接收到邮件之后还有什么问题的话，是否能够随时向他们咨询？

然后，你得兴高采烈地告诉他们，你对收到邀请感到非常高兴，期待着在约定的时间到学校里面试。

做面试准备

一旦你知道了面试的日期，而且也了解了他们在面试那天希望你做的事情的细节的话，接下来就进入到准备阶段了，这当中会碰到一些实际的问题，其中最重要的一点就是对那堂公开课如何进入到备课状态。这件事情不可避免地会让你感到忧虑，别担心，每个人都会这样，这是一项需要精雕细琢的任务，需要在大庭广众之下进行。对此我会在下一章中，花整整一个章节来提供一些专门的建议，不过我要传达的主要信息是：保持一颗平常心。你可能会试图将自己知道的所有教学方式来一次表演秀，比如说用到卡片分类法、晾衣绳展示法、各种分组方式、不举手提问，以及其他各种各样的教学技巧，你可以在你现在所教的班级上一遍又一遍地演练。

不过记住，别搞得那么复杂，把这些演练留到你得到这份工作之后再进行吧！对于这种虚拟的试讲课来说，需要的就是把一些事情按简单的方式进行准备就可以了，不要依赖于媒体技术或者是在最后一分钟还跑到应聘学校里去要求复印一大堆上课的准备资料。

你自己要做到的一件事情就是，将你的压力值保持在可以控制的范围之内。

或许你对那天的安排和试讲课的情况还有很多问题要问，如果是这样的话，给那个发给你确认面试信息的老师——比如说校长的私人助理，回复一封电子邮件。但要记住，要把所有问题归拢起来一次性地发一封邮件，而不是像机关枪似的发一连串的邮件。他（她）可能一天之内要收到100封以上类似的邮件，那么你要确保不要让自己给别人留下这样的印象，以至于在面试那天见到你时，他（她）心里在想：这就是那个通过电子邮件不停地向我提问，让我烦乱不堪的那个家伙！

你还需要看一看到达面试地点的实际路线是怎样的。如果路程比较远的话，你说不定需要提前一天抵达那儿，并在附近住一个晚上。所有这些问题——可能包括，通知学校帮你提前预定头一天的食宿，我们可都帮不上你什么忙啊！

所以我要表达的意思就是，你得应付好自己面对的压力，把它们都控制在误差界限范围之内。如果一名面试者因为堵车的原因，到达面试地点的时候已几近崩溃；或者是赶火车的时候不幸误了点，不知道什么原因，或者停在了一处不知名的乡村小站上了——所有这些不可预料的事情，都可能从一开始就让你手忙脚乱，而这必然要花或多或少的时间来将整个局面重新带回精心准备的这一天的预定节奏上。

如果是这样，那么我建议你们能够提前一个小时抵达学校，找一个地方（比如说你的车里），这样你就可以坐着，观察到员工和学生们的陆续抵达，这会让你对这所你可能会工作学校的环境通过短短的时间（肯定不需要8小时）加以了解。特别要注意观察学生们到校时候的行为举止，它能否代表学校真实的一面？在正式的一天即将开始之际，他们是否需要签到？学校里的员工是否在他们的岗位上欢迎学生的到来？一旦有谁的脚步迈进了这所学校的大门，是否就能够传递出这所学校主流的价值观是什么，而你自己是否从中得到了让自己冷静下来的感觉？

然后，要比预定的时间略早一点来到接待处，但是不必太早。每一个学校都有自己惯常的节奏，他们会按照这个步调全力以赴地工作，但是如果你比绝大多数的员工来得都早的话，尤其是比接待人员来得还早的话，那么你会很容易打乱原有的工作节奏。如果面试开始的时间是早上9：00，那你可以在8：45左右到达接待处，然后，你可以准备签到，稍微放松一下，顺便看看还有什么其他人和你竞争。

面试穿着要领

穿着要给人留下印象，道理很简单，如果你是在类似我们这样的学校——一所大的、综合性学校面试的话，而你穿得不是非常正式，看起来也不可爱的话，那么我就会怀疑这是否反映出你性格当中的随意性。请穿套装！或者至少是一件夹克并配上一条领带。女教师必须穿着类似的、看上去非常正式得体的服装，鞋子一定要保持干净！

你的穿衣要领不是"休闲可爱"，而是要聪明得体！

一整天的交流互动

在面试的这天，自然而然的，一整天你都会处于被观察的状态之中。也许只有你去上厕所的时候，你的行为才没有被别人评判，所以不要掉入思维中的陷阱，以为这一整天的时间当中，总有一部分时间是可以不需要太在意的。如果学校有安排学生们带着你们参观校园的活动，那么很可能这些学生会被问及他们最喜欢哪位候选老师。这并不是意味着这些学生除了提供意见之外还有其他权利，但这也在无形中提醒了你：不能被学生视为"无休无止一直在唠叨"的那个人（通常有的面试者会在这种活动中如此表现），或者是"那个老师好像对学校的什么东西都不太感兴趣"。

因此我个人对你在面试日那天的行为建议是这样的：

■ **小心谨慎**：你在展示自己，但要冷静地进行"表演"。不要说太多的话，不要看上去忧心忡忡，不要对任何人公开地批评学校当中的任何方面。

■ **时常反思**：用这一天时间尽量学习知识——关于这所学校，也关于你自己。这就意味着你得走动，和人们交流，和学生们谈话，清洁工、看门人和接待员都是可以交谈的对象。

■ **尽量精明一些**：通过一整天时间，好好地考虑一下，你喜欢这所学校的哪些方面？你认为还有那些地方值得改进？在面试开始阶段，我经常会用一个问题来进行破冰："你对我们学校的初步印象是什么？"

或者是"你所看到的我们学校中的哪些情况是你喜欢的",这样的问题通常会带来一串迎合奉承的回答,然后我会突然变成那个"欢喜终结者":"那么,你认为我们还有什么需要改进的吗?"到了这里,说实在话,我希望得到的答案是真实有用的,但又不能带有攻击性。原因是这样的:如果你在回答问题的时候总是夹带着诸如"行为管理真的太差了"或者是"教师的精神面貌看上去真可怕"之类的语言,那么除非校长真的是一位度量很大的人或者是自我鞭挞主义者,那么你不计后果的下场基本上可以说是和"神风特工队"的命运一样了。

■ 校长并不想听到那些你对学校校风方面的诋毁性批评意见,或者是有些欲言又止的似乎值得深挖的学校核心问题,你可以不去触及这些方面,而是选择一些学校中看上去有点过时了的,但又可以马上注入活力重焕魅力的某些方面;或者是选择学校当中某一个尚未完全开发的方面来说,然后告诉大家你能在此方面能做出什么贡献——"你们看起来好像没有一个辩论社团,如果我理解正确的话:我可以在类似的一些课外活动当中,来实际操作这件事情。"

📖👤 话 题

● 这些建议当中,你认为哪些是对你最有帮助的?

228

37 如何在面试时上好试讲课

HOW TO TEACH
A LESSON AT INTERVIEW

当我在面试新教师时，总是会通过说下面一段类似的话，来要求在面试的环境下进行一堂试讲课：

我们请你在进行面试的过程中试讲一堂课，这本身也是面试的一部分。我猜想这也是你所期待的，今后每一天都将要面对的工作。不过我们知道这一堂课是虚拟的，那么如果你可以拿出你的最佳状态来上这节课，它是否能够让我们眼前一亮呢？你不需要认识学生，或者他们的姓名是什么，又或者是他们的功课成绩处于哪个水准，因为这节课本身就是人为安排的，而你也可以在任何时候结束这节试讲课。

不过要请你明白，我们这样做的目的是帮助我们设想你来到了我们学校当中教授我们学生的场景，它可以帮助我们想象出在我们学校的环境中，你的工作表现将会如何。

而且，如果你今天下午通过了面试的话，我们还会问你自己觉得这节课上得怎么样，而你又是如何在不同的环境下讲课的。如果这节课讲得并不成功，我们也不会对此过分担忧，除非我们问到你"为什么这节课让人感觉不太满意"时，你的回答是"我觉得它棒极了"。

换句话说，要求你上这么一节课（尽管它是模拟的），然后和你交谈以帮助我们看到眼前的这位老师是否是一位善于思考、热衷于进步以及真正热爱教学过程的人。

现实中，这样的讲话也许并不能打消太多候选人的焦虑心理，但是就像我说过的一样，它是非常重要的，我们必须真正地体会它：这节课是通往稍晚一点的面谈过程的一个跳板！

基于这个原因，我建议你的"面试试讲"不要搞得像一个复杂的马戏表演一样，意图去娱乐每一个来听课的人。保持简单！某种意义上说，这也就是你不必为了某种你无法操控的问题而大伤脑筋的原因——比如说他们学校究竟在使用哪种电子白板，以及你到底会不会使用电子白板之类的问题。另一层意义上说，因为做出评判的人们会在很短的时间内进行裁定，他们关心的只是所看到的讲课质量到底有多高：更多的是要展示你自己的特点，自信、专注、对学生要掌握的基本要素集中精力……你能把这些东西展现得越多，那么你给他们留下的印象就会越深刻！

在绝大部分学校中，在这样的情况下你根本无须上满一堂课。在我们学校，基本上上完大约30分钟的课就可以了，这也是你需要坚持简单、不凌乱准则的原因之一。

保持简单！对我而言，意味着使用一种清晰的、直率的讲课结构，尽量减少乃至消除可能会犯错的因素。这是因为我是一个过程控制方面的偏执狂，不希望在面试这短短的一天时间内，向面试者施加过多的压力，这样难免会出现很多问题。

一个简单的课程结构在表37.1中呈示如下。

它显示的是一种简单的、"面包加黄油"式课程结构，它完全不需要在教室里面搞一场华丽的表演秀，并试图赢得来看你表演的人们的热烈掌声。

相反，它只是简单地告诉大家，你可以教书，而且通过你教的课，学生们可以学到知识。

当然，你也可以按照你自己的想法来决定你最终该怎么去设计这样一堂试讲课，在这个氛围不熟悉、学生不认识、教室不了解的环境下，你该去怎样设计课程和预料结果呢？

我的意见：保持简单！

话题

- 在上面所说的这些内容当中，你收获最大的是什么？
- 有哪些方面，你凭直觉是不太认同的呢？

表37.1　简单的课程结构

课程要素	目的
1. 自我介绍，请学生做自己的名片，介绍本节课的主题并讲清楚你在30分钟时间里希望学生们学到什么知识。	树立你的权威，让自己更容易跟学生们进行交流，因为你可以使用他们的名字了；展现你良好的组织能力，运用常态行为来让自己保持冷静。
2. 开始讲授主题时在学生中开展一个起始的小活动（一张清晰明了、直截了当的小纸条让他们进行解惑、解决问题、做出预判，两个人或三个人结队来进行）。	展现自己组织活动的能力，这些活动有助于提升技能或拓展知识。在面试中，要告诉大家你如何来对学生们进行分组，也就是说，要讲清楚针对不同活动的不同分组方法。
3. 让学生自己总结和展示一下他们已具备的知识，或是曾遇到过什么样的问题是依靠自己的能力解决了的。	证明自己的班级管理能力，你的能力还包括主持一场讨论，你的Q&A活动处理能力等。

课程要素	目的
4. 做一些拓展性的活动，也可以让学生总结或展示一些他们所学习过的知识，然后让他们比较各自的完成情况，运用标准或是你提供的框架来对它们进行反馈。	展示你有能力让学生进入更深层次、更独立的学习阶段，以及你了解提供一个评估框架的重要性，向他们示范一下应该使用什么样的表达方式。
5. 总结：你可以提出一些更大的问题（借此你可以使用自己的词语，比如："向我解释一下⋯/如何⋯"）或者要求他们回顾一两件他们现在知道的或者能做的事情（在上课之前还无法做到）。感谢他们对你的欢迎，然后把小纸条/姓名牌收集上来，再次对班级表示感谢，说再见，然后离开！	在短短的时间内向你不认识的班级展示，你可以让他们知道自己学到了什么东西。这个行为是冷静的、有效的、令人放心的，而且是清晰有目的性的，不依赖于媒体技术来做这些事对你的帮助会更大！

38

如何组织和安排家长会

不同的学校都会通过不同的途径来组织家长会，也许有的学校对家长会有其他的称呼，比如"咨询会"或者是"目标设定日"，但是不管怎样，它的核心都是老师必须和学生家长保持联系，让他们时刻了解孩子的进步情况。

在这里你可能只是一位学科老师，或者说是像在很多学校碰到的训导老师或者是"学习导师"，但是你都有责任汇报学生在不同学科上所取得的进步。

不管这种会面的形式是怎么样的，但确实是必不可少的。一些小的提示会帮助你在刚刚开始接触这项工作时更加自信，同样可以保证与你会面的家长觉得自己也可以有所获益。

了解你的学生

有的时候，特别是在刚开始教育工作的早期阶段，这项工作的确有一点点困难。在离开班级环境的情况下，要能够将学生的相貌和名字对上号，因此你手上得有一张班级或者是训导团队成员的名单，以及一份打印出来的照片。照片在大多数学校的校园管理系统里都会有，你自己对照名单来辨认就可以了。这样做可以帮助你建立这样的自信，那就是你和某位家长谈论具体情况的时候，所指的就是他们的孩子。

了解你学生的资料

很多情况下，家长会的形式都会太过平和，它们很可能过于普通。会议上家长从各科老师那儿得到的基本信息，不会比"如果她能更努力一点，她会做得更好"此类的话更有意义。

家长们希望的当然不仅仅如此，因此教师的技能就是能够给出一个简短的、清楚的描述，告诉家长们他们的孩子在哪些方面做得好，然后再专门在一到两个学科上建议学生能够多做哪些或少做哪些来保证他们的进步。

对于一个高一学生的语文课，可以按照这样的方式与家长沟通：

艾米丽的语文学得非常棒！她已经完成了我要求做的所有阅读任务。她告诉我她非常喜欢阅读，而且作文也写得越来越认真了。她好像突然一下子开了窍，能够熟练地运用简短的引用语镶嵌在自己的句子当中，这一点让她的写作看起来很专业。目前她已经达到了当初在这门功课上设定的"B"级目标，但是下一步该如何超越呢？她似乎应该让自己的文章写得更加生动一点，这就要求她在停顿和思维上要更加专业，要更多地使用生动词汇，并尝试使用一些稍长的句子。对写文章感兴趣和像一个作家那样去写作是位于B等级和A（A+）等级之间的最大不同之处，因此她在写作上还需要勤奋耕耘。希望你们督促她保持良好的阅读习惯，有时间就要让她坚持阅读，不管是在家或者是出去度假，不要只会浏览网页甚至只是去玩电脑游戏。

上面这段文字会让人感到有点空泛，它也的确不会恰好符合每个人的实际情况。这个不是我所要说明的重点，我们只是想表达一点，教师做这些事情的时候应该有特点、有个性，而不是千人一面的。不过，我们同样也想要确保一旦我们在与孩子的家长会谈结束之后，我们可以告诉家长："哪些已经做得很好，而哪些还有待提高。"这样的家长会肯定比那种风平浪静的陈词滥调更有实际效果。

组织家长会

没有什么会比家长们觉得你在浪费他们大把时间而感到恼火的了，我们经常会看到家长在老师的讲桌前排起了长队，就像上个世纪70年代的苏联居民排队去买面包的那种情况一样。

如果你和每位家长有五分钟指定约谈的时间，那你就得假想它只有四分钟，所以你得有一个非常清晰的谈话流程并坚持它。

我的建议包含了一些常规事项，比如以下几点：

■ 通过点名册呼叫下一位家长，这是很重要的。不要马上让下一位家长进行发言，要严格地遵守所分配的时间，你可以通过喊出学生的全名，如"艾米丽·埃德蒙兹"。

■ 家长或监护人要能站起来或是挥一挥手。

■ 询问家长对自己的孩子在你学科上所取得的进步是否有什么想问的或者想说的，这点很有价值，这样可以让一些问题一下子公开化。在大多数情况下，家长们通常会说：没有，我们只是想听听她的学习状况如何。

■ 要简短地说明她的长处，特别在她所取得的进步方面要能给出具体的例子。

■ 概括一到两方面需要改进的关键领域，可以这么问："这些是否都很重要呢？我是否说清楚了？"大多数情况，家长们会说"是的"。

■ 站起来，向他们道谢并握手，叫出下一个学生的姓名。

这个流程听起来显得有些机械或者死板，其实并不尽然：这是一个非常便于管理的常规程序，对家长来说也是有帮助的：获得了有效信息和专业指导。使用上面说的那种方式，家长们会欣赏你的表现，而你逐渐会同时获得在会议组织效率和专业熟练程度上的好名声。

📖🎓 **话 题**

- 你自己对家长会的记忆是什么样子的？或者你是否来自学生们永远不会参与家长会的那个年代？
- 你觉得我们设计的这些流程想要达到的目的是什么？
- 你是否有机会观摩其他教师组织的家长会？
- 你从中学到了什么东西？

● 教学活动中我不喜欢哪些方面

　　我的职业生涯中有几个时间节点，我总是对写教学报告感到非常头疼。在我的学科上，我只需每周上一次课，但是每次课的学生会很多，这就意味着我每周面对的报告要比别人多得多。而直到现在，也没有哪位教育学家真正关心过这个领域的事情。

39

如何处理家长在家长会上的抱怨

有的时候，家长们会陷入一种抱怨的情绪中，不要太过在意此类事情。如果你有孩子的话，你可能也会在某一天突然感到垂头丧气，应付所有困境的最佳方法就是保有一颗充满希望的心。

如果你面对的家长正在愤怒地讲话，那么可能是基于下面两种场景之一：

■ 你或者你的学校犯了错误。

■ 他们认为是你或你的学校犯了错误，但是实际上你们并没有：他们得到的信息是错误的，有可能这个信息来源于他们的孩子。

下面是家长的愤怒将会如何爆发的情形，你叫出花名册上的下个学生的名字，两位家长却同时答应并走过来，你按照常理向他们说"你好"，他们却冷若冰霜地面无表情。这个时候，你会开始觉得有什么事情弄错了。

这个时候是谁在让你感到紧张？你可以询问他们，是否要问你什么事情或是要讨论什么，又或者只是要在一开始就引起你的重视，然后，你就可以静静地等待并倾听他们的答复。

你所获得的抱怨种类大概可能包括：

■ 我们被告知孩子会分到一个更高水平的班里, 但现在她还没有实现。我们已经向年级组长/学科主任申诉过, 可是没有任何回复, 对此我们感到非常不快!

■ 我们的儿子告诉我们他无法在上课时集中注意力, 因为总有几个学生一直在骚扰他, 而你看起来却对此事无能为力。

■ 学校的家庭作业规定要求的是我女儿每周都应完成一些家庭作业, 但她却有足足三个星期没有收到你这个学科的作业了, 这是为什么?

■ 我们在两天前通过电子邮件询问你, 我们可以在家里做点什么, 这样可以对我儿子的家庭作业有所帮助, 但到今天为止也没有收到你的任何回复, 这是为什么?

■ 我们刚刚检查了一遍我女儿的书和作业本, 发现她出现了很多错误, 包括拼写错误等, 而你并没有纠正。如果你没有给她反馈的话, 你怎么能指望她在这个学科上能取得进步?

不管你是新手教师, 还是世故圆滑如我一样的老教师, 这样的问题看上去都很尖锐而且容易引起冲突, 进而削弱你的信心和威望。所以, 首先你要做的是, 尽量让自己不要与他们产生直接的对抗。在早期的一些例子当中, 学校也没有很好的办法来处理各种申诉和抱怨, 这也就造成了一些家长因而显得更加狂躁不安。

第一步：认识到问题

对于以上问题，一些是在你的掌控之中的，另外一些则不。比如，第一个申诉中提到的分班问题，就是学科主任或是年级组长的决定，而不是你的影响力可以办到的事情。对类似争端的一种回应方式是把这件事情推给其他人去处理，同时让家长们想象它到底是否真的没有得到处理。但更好的方式是，承认家长们所经受的失望，并告诉他们你会做一些努力来争取尽快解决这个问题。

注意如果你说了一些类似"我很抱歉，我觉得这个问题没有被重视"的话，这通常会证明对家长是很有用的。他们愿意听到承认已经存在的问题的声音，而不是感觉到他们被各种借口和否认所欺骗。

事实上，你并没有在为一个错误而道歉：你只是在为家长们假定的一个错误而致歉。这是很重要的，如果其中有点微妙，你也得把它区分清楚。因为你并不是在真正地表示妥协，而对于他们的抱怨也无须给出什么承诺。此外，你还可以以同情的口吻告诉他们，你非常能理解他们的感受！

第二步：建议一系列的行动

在你认同了教师们所抱怨的问题之后，还有一个问题没有被提及，那就是下一步应该提出什么样的处理建议呢？对第一个申诉（分班问题），你可以这么说：

关于学生分班的问题，我们学校是由学科主任和年级组长进行咨询讨论后决定的，我不太确定关于您的女儿分到哪个班的决定是怎么做出，但是明天我会跟霍尔顿先生再说一下这件事情，同时会尽可能让他知道你们正急切地期盼着他的回复——不管是电子邮件还是电话回复，明天之内将会给您一个准信儿。通过这样做，我们至少会让您知道做出决定的依据，而您也可以知道如何参照这个标准。如果需要的话，您现在就可以和霍尔顿先生单独见面，这样来处理，你们觉得如何？对我来说，在这件事情上我可能只能尽力而为到这个地步。因此，现在我们应该回到劳拉在我课程上的表现，以及目前她没有能取得更大的进步，那么下一步她还需要做些什么这些话题上来。

这个回复给了家长一个非常清晰的责任区分，并告诉他们会在24小时内收到回复。就我的想法而言，这是一种彬彬有礼的处理方式。不过，假如你按照这种方式说话的话，你得向他们做出保证——否则的话，家长们有可能变得更加愤怒。

第三步：付诸行动，做点什么

既然你已经说过了你会请求学科主任和家长保持沟通，我在这里建议你当天晚上（对！一定不要忘了这件事情，不然明天你会留下更多麻烦）给学科主任发一封邮件，描述一下问题的情况，比如这样写：

亲爱的保罗：

　　李福斯夫妇在今晚的家长会上提到他们没有收到关于劳拉分班的任何消息，他们对此非常焦心。我告诉他们这件事情您正在处理，而且您将会通过电子邮件或者是电话回复他们，时间是在明天之内，希望一切顺利！

　　然后，当你下次看到学科主任的时候，记得跟他说："不知道您是否看了我给您写的邮件——关于劳拉·李福斯的分班问题，她的父母在昨晚的家长会上很严肃地提到这件事情。我告诉他们，您会及时地回复他们。"

　　你所做的这一切体现了你在以一种礼貌、目标明确和专业化的方式处理家长提出的问题。

📖 话 题

- 你是否处理过类似这些问题？
- 你当时是怎么做的呢？
- 在这里，哪些建议是你感到特别有用的？哪些建议你觉得不太行得通？

HOW TO DEAL WITH A PERSONAL
COMPLAINT AGAINST YOU

40

如何处理一个针对你个人的抱怨

有时候家长会会陷入一种令人不快的状态——不是经常会这样，但的确会发生这样的情况。当家长们带着怒气、怨气、偏见来开会的话，那无疑是将你置于火上烤的感觉。

如果说抱怨是针对你的，就像在上一章中提到的那些申诉案例中，那么你的反应将取决于这项抱怨是否合情合理了。

这个时候，往往是坦率胜过过多的自我防御。

如果你已经超过三个星期没有在书上布置作业了，或者这已经导致了你们班里一些学生学习上的困难，那么你最好是做出解释而不是寻找借口，你可以像下面这样进行解释：

你们的抱怨是对的！我们的一贯政策的确是每周都为学生布置和批改作业。在过去两周多的时间里，我一直在担心高二年级的模拟考试，我必须将我的所有精力集中在这上面。我想要让学生在他们的家庭作业日记本上注明，他们这两周的家庭作业主要是复习和研究，但我的确忘记了，在此我深感抱歉！下周你们会发现，我们的一切都将回到正轨！

关于行为方面的问题处理起来更棘手一些，因为我们当中的每个人都不喜欢被别人控诉不善于班级管理。然而，如果的确发生了事关这个核心问题的抱怨，那么最好的回应方式也许可以参照以下方式：

我在9月份接手这个班级的时候，就被告知这个班级当中集中了一些在学校里"小有名气"的学生，他们在去年都或多或少地出现过一些行为问题。因此我经过了深思熟虑将他们单独安排了位置，并和年级组长一同研究他们的行为是否不能够被接受，或是他们是否没有按要求完成作业。我对劳拉认为他们依然是一帮有问题的学生这件事感到非常失望，因为我以为我们通过一段时间的努力已经取得了很多良好的进步，让他们的行为变得更好。我会使用您的评价——但肯定是隐去姓名的，来告诉他们以及他们的家长，现在有其他学生和家长正在抱怨她们的行为对这些学生的日常学习带来了不好的影响，而这样做的结果无疑是让大家都承担更大的风险。感谢大家告诉我存在的这些问题，我也对此非常重视，接下来我保证我们将对这些学生进行处理！

这样的回应看起来似乎是在打圆场，家长方面可能会感到满意，也可能他们仍然不满意。这就是面对与学生的行为问题有关的抱怨时，在处理过程中容易出现的问题。现在，你需要发电子邮件或者是直接和他们的年级组长和训导老师交流，同时听取他们的意见：是否需要通知那些学生的家长到学校面谈。

换言之——要让这些抱怨者能够对你有所帮助。证明个别学生的不良行为并不能从个人角度影响你，但却损害了其他学生的进步，而且这个事件已经上升到学生家长的层面，让他们深感烦恼——这就在一定程度上将你置于人人都可以看到的道德高度,于是处理这些问题的风险也大大提高,这种风险可不仅仅事关你自己,而且和相关学生都有直接关系。

📖👤 **话 题**

● 如果你接到类似的抱怨,你第一个想要寻求帮助的人可能是谁?

● 为了避免尽量不受抱怨者的困扰,你要做什么样的尝试?

41 如何回应一次家长面谈中产生的不愉快

　　有的时候——很偶然的时候，某次家长的见面会从一开始就被各种无法控制的冷酷情绪所纠缠。在我经历过的事情当中，这种情况通常是在家长抵达面谈地点之前，就被某种观念误导了。他们之前很有可能接受了自己孩子的描述——我们对此能怎么办呢？——他们所说的可不全都是事实。然后家长们就以一种斩钉截铁的方式将它过分地宣泄出来，以下就是一个例子：

　　我女儿告诉我们，说你特别喜欢班里的其他同学。当她举手想要回答问题的时候，你根本就当她不存在，而是选择其他人来进行回答。而且你对她的作业完全不予关注，对别的同学可不一样。那么现在她的学习退步了，而且开始厌恶你这个学科！

　　当然，对这样的情况，他们还可以说出更多的内容，甚至可能会由此开始抱怨其他每一个人的行为（这看起来不像是一位有孩子的家长，而更像是在等候圣徒接见的人），或者抱怨作业的批改情况，或者抱怨你对专业并不精通，或者是家庭作业没有布置到位，或者是把他们的孩子进行了错误的分组，再或者是其他无数的问题。

　　通常的情况是，他们掩盖了孩子与他们之间真实的关系，这才是问题的本质。我的经验告诉我，那些越是言之凿凿的家长，越讨厌倾听来自校方的看法——不管这些问题是受到他们孩子说法的左右，还是他们故意对孩子自身的缺点视而不见。

不要理会我的那些哄骗式的心理建议，你现在就是坐在这里的人，而你对面的家长正在给你的生活制造麻烦。

那么，你该怎么应付呢？

好的，注意：首先最重要的是我们在一次家长见面中的基本规则是直截了当地切入问题本身，你可能会以一种握手的方式开始问题讨论，或者试图去握手，你可以这么说："在我告诉你拉切尔现在的学习状况之前，你们是否还有其他问题要跟我说的？"

尽管这是一种从一开始就直接准备接受家长们讽刺批评的态度，但它确实是最好的方式，如果你不给他们一个机会把他们肚里面的话倒出来的话，他们就无法在整个谈话中保持冷静。

那么现在面谈的情况就取决于家长有多么喧闹了，而我强烈地建议：一定要坚持让他们宣泄掉自己的不良情绪。你需要保持冷静，倾听他们在说些什么，就算他们所说的话让你非常反感，你也必须克制！相反，如果一定要找一条途径来排解你的愤怒或者不快的话，你可以用记录的方式来分解自己的压力，把他们投诉内容中的要点记下来。

如果他们正在指责你作为一名教师的能力，那么在一个家长会上可不能一开始就争吵这些问题——就算他们想要引导你这么做！这些话应该留到改变家长对他们孩子的看法时候再去讨论。

因此下面会建议你如何进行回应。

首先，一开始，让这些家长们把自己的怨怼尽情发泄出来，就是说，让他们想说什么就说什么吧，底线是不要让你安排的下一个约见推迟了就行。

如果这是一个持续一两分钟的抱怨，那么是时候要告一段落了。你只需要给出一个正式的回应，表示你已经听到他们所说的话了——我建议你：不要试图对他们话中的各个观点就细节问题进行纠缠，相反，你可以将他们推迟到另外一次见面上，那个时候你可以和学科主任或是你的导师一起和家长见面。

下面是在这种情况下如何使用语言的示例：

好的，我对拉切尔以及你们都这么认为颇感失望，只是我发现事情与你们说的或者想的有很大的不同，但现在离我的下一个约见只有两分钟时间了，我没有时间向你们解释所有你们所抱怨的问题，但我已经记下了你们所讲问题中的要点。那么现在我的建议是：我们在本周晚些时候再重新安排一次单独的约见，到那个时候我们好好地将这些要点都过一遍，我也会邀请拉切尔和我的学科主任来参加这次约见，我们坐在一起来澄清所有的误会。这是我目前能够选择的最佳方法，你们觉得可以吗？我建议你们可以给我发电子邮件，或者是在拉切尔的作业记录本上注明你们可以到校的日期和具体时间，这样我们就可以把下次约见的时间敲定下来。那么这最后几分钟时间，我会向你们反馈一下拉切尔最近的学习情况。对于更加细节的问题，我们还是可以放在下一次见面中具体讨论。

那么，关于拉切尔最近的情况是这样的……

所有的问题是不是都清楚了？我再重复一次，对你们今天晚上来到这里之前就感到不快，我深表遗憾。如果您把建议的时间发给我了，我们可以在下一次见面中好好地解决这些问题。现在我得接待下一位家长了，非常感谢你们的到来！

一如以往，你可以按照你自己的方式来做这些事。如果你觉得我的方法过于呆板的话，你可以尝试使用你的方法，只要大家都可以接受就没有问题！但是一定要注意这样回应的目的到底是什么：

■ 告诉他们你已经知悉了他们的说法。

■ 表达你有不同的看法，但是不要在这种半公开的场合就马上将你自己放在被裁决或者捍卫者的位置上。

■ 要使用一系列的提问方式（如：是不是可以这样），目的是告诉大家你在缓和矛盾而不是在激化它。

■ 将问题推迟到另外一个时间及另一个地点，当你：（a）已经调查清楚了这样的投诉表面之下真正的原因；（b）准备好了如何回复；（c）请到了其他一些可以帮助你的人，你就可以保证下一次的见面是专业的并且能解决问题的。

■ 要强调是由你来掌握面谈的时间，而不是家长！

🔖 话　题

● 目前为止你处理过的最难以应付的家长谈话是怎样的?

● 以上内容的哪些部分让你似曾相识,哪些又让你觉得不太可能发生?

● 为了获得与难对付的家长见面中的一些实战经验,你会做些什么准备呢?

● 教学活动中我喜欢哪些方面

　　我真的喜欢看到孩子们的学习和变化,我看着他们在慢慢成长,培养在某些领域特别的爱好和热情。有的时候,你可以看到在某一节课当中,一句话就可以让孩子们豁然开朗的那种感觉,你可以看到他们突破了瓶颈,开始领略全新的知识领域!

HOW TO DEAL WITH THE MOST CHALLENGING
PARENTS AT A PARENTS' EVENING

42

如何在家长会上应付那些最具挑战性的家长

打起精神来！有的时候，这样的讨论会更加恶化，那么让我们来看看碰到极端情况我们该将如何处理吧！

这是一位带着目的来的家长，而你从一开始就感到事情不太妙，当你伸出手想和他握手的那一瞬间，你得到的是轻蔑的一声"哼"，然后，接下来的事情可能是这样的：

我们一直希望能见到你。我儿子说，自从你开始教他，他基本上没有学到任何东西，而且基本上什么也听不懂，因为课堂纪律实在是太乱了。因此，我们希望他能够转到另外一个班去，这样他至少还能够学到点东西！

以这样一个尖锐的话题作为开端，你得将所有的情绪控制能力调动起来才可以保持镇静和不慌不忙（但在表面上，你可能已经开始有点慌乱了）。一如既往的是，日常的规范行为在这个时候会发挥作用，因此这时你可以继续询问这个家长，是否还有其他别的什么问题要说。

你获得的答复可能会是这样的：

我该说的已经说完了吗？难道你是厚脸皮，还是有什么其他的毛病？我希望我儿子转到另外一个班上去，我希望现在就转！马上就转！

在这个时候，你需要准备好按下这次面谈的引爆按钮了，就算它会导致一个小的爆破场景也无妨。当然，你也可以坐在那儿，让这位家长的表演时间更长一些。但我的观点是，任何教师都没有理由——说实在的，是任何员工，必须承受如此粗鲁和被冒犯的行为。请注意，他在咆哮中使用了"厚脸皮"、"有毛病"这些侮辱性的词语，当然，就算他没有说这个词，这种让我觉得是暗藏着蔑视我们教师职业的面谈，从一开始就可以不接受！

下面就教你如何摆脱这样的局面。记住，这样的一类情况是一种——就算是他挑起了一场局部的、令人尴尬的冲突，值得你放下礼貌和尊重的标志牌的情形。

因此，冷静地，不留一点点同情地，说出下列这番话来吧：

很好！戴维斯先生和戴维斯太太，我可真的不是你们说的"厚脸皮"，我也不会使用这样的词语来进行谈话。这里不是我来谈论艾利奥特是否应该转到另外一个班上课的地方，我也没有这个权力做到这一点，现在，我不想继续这次谈话。但是，我会请我们英语教研组的组长X先生直接和你们联系，到时候我们再讨论艾利奥特的学习情况、他应该转到哪个班，以及下次该由哪位老师来教他的问题吧！

说到这里，你可以站起来，再次伸出你的手，这可能会有一些气势汹汹的咆哮、一些不同的意见，都是可能发生的场景。站稳你的立场，因为我们必须为学生们着想；你得尽快地从这个问题上抽身，消除它对你的影响，准备和其他家长的面谈——就像这样：

你我可以看到，而且其他家长也看到了，如果我们所有人都能够以一种合适的、更耐心的谈话方式，或者在更私密一点的情况下讨论艾利奥特的话，也许会更好一些！

如果这位家长依然待在那儿喋喋不休地和你争吵，你可以先向下一组家长致歉："很抱歉给您带来不便，我马上就会和您交谈。戴维斯先生和戴维斯太太，请原谅我得开始下一项工作了！"

然后，离开并去找到当天在值班的学校高级主管，或者是直接打断你的学科主任的工作，跟他说："不好意思打扰一下，X先生，但是我有一件急事要跟您说。"然后就可以将这件事情留给那些更有经验、更高级别的同事们，让他们请这两位家长离开你的办公室。然后，回到教室中，保持微笑地说："不好意思有点延误了。现在请苏珊娜·贾诺尔的父母来一下……"

这个时候你的心情注定还不平静，你感觉自己都快哭了，但到目前为止你所做的事情都是正确的。就像在飞机场、银行和邮局里头张贴的告示一样，"我们无法容忍客户对我们员工的无礼！"没有任何理由要求你必须容忍上述这样的情况。

虽然在那个时候你肯定不会感到高兴，但是你会感到自己变得强大了，那是精神上的强大！最终，这样的表现会在家长中间流传开来，他们会明白什么样的行为才是合适的，什么样的行为是不当的，你必将在塑造这样的校风中贡献自己的力量。

至少，你会从你的学科主任或者导师那儿得到祝贺，祝贺你又成长了！

话　题

● 你是否能够想象在这样的场景下你如何处理？

● 哪部分建议的内容是你赞同的？哪部分内容你觉得遥不可及而且
完全无法想象？

PART 5

NEXT STEPS

第五部分

成为正式教师以后

我们需要在实践中不断学习教学上的技巧、方法和日常规范，它要求我们做事情时不断趋于正确，不断减少失误，其中前者要比后者多得多。

尽可能找机会观察大量的老师是如何教学的，注意观察他们是如何管理一个小组、提问以及如何上课的，如何讲清楚问题，以及如何知道为什么要在某个地方适时进行停顿；注意观察他们是如何管理和组织学生"提问—回答"这个过程的，看一看他们给学生的批注和他们的备课计划，听一听他们和学生们的谈话。

要在自己的职业生涯中始终保持这样的行事习惯，要经常进入其他班级和训导室中，向老教师们多多请教。

一名优秀的教师会不断地教出一堂堂高质量的课程，当然，并不是每一节课都那么完美无缺，我们可不是机器人！

但是，在从这一节课到下一节课之间总有一种连贯性存续着——在教学目标和日常规范中，在使用赞扬和批注过程中，这让你感觉到教师是有能力帮助任何学生达到他或者她的最佳目标的。

当教师们的自信心与日俱增的同时，通过与同事的协同工作，通过参与到学校生活中的更大活动当中，他们会为学校做出更大的贡献。

这篇篇幅较短的章节，为你的职业开启了新的一个阶段，包括下一阶段你该抬头向哪个方向行进。

YOU'RE A TEACHER
WHAT WERE YOU WORRYING ABOUT

43

你成为一名教师了，而你正在为哪些方面感到烦恼

　　恭喜你！你已经进入到了教师培训的最后阶段，或者正在准备获得你的第一次上课通知了——你做到了这一点！我希望这样：当你回顾这些日子以来所经历的培训，你会看到自己在职业和生活上都取得了长足的进步。教书是一项特别的工作，因为要不断地将自己曝光，告诉大家我们是谁——我们知道什么，我们的知识储备够不够，我们表达得如何，我们与别人交流得怎样，等等。

　　刚开始工作的时候我们的"面子"还很薄，因此这个工作会带给我们巨大的压力和充满困扰的自我怀疑。可事实上，在我的经验当中，这些困惑从来没有彻底走远，经验丰富的老教师同样会在新学年之前、新学期之前或者在一些特殊情况下的新一周之前睡不着觉。

　　我们对这项职业培养出了一种无比执着的迷恋之情——"我的课上得是否足够好？""这项工作为什么要这么做而不是那样做？""我能把这篇文章再讲得好一些吗？"以及："他们的行为是故意做给我看的吗？"——类似的问题即便是那些看上去最具自信的老师，也会不断地追问自己。

　　接受它吧！你要知道，正是因为在教学水平上的不断反思，以及严厉而冷酷的自我批评，才能促使那些最优秀的教师继续不断地获得进步。

　　然后，你还要具备应对焦虑的策略，每天都会有很多事情需要你去面对，它们会迫使你离开自己的办公桌，放下正在评改的作业，离开你正在处罚某个学生的场景……你似乎总有做不完的工作。

不要总是逼迫自己在每个周末都提前完成学校里下周的工作，你应该抽出时间，离开你的电脑，离开你的书堆。每个周末要有一天彻底地远离工作，用这点时间出去走走——会一会朋友，看一场电影，去郊外转转……远离你的焦虑吧！

对你的工作来说这一点是很重要的，我们需要优秀的教师，但不是优秀而神经质的老师。

在打开这本书的时候，我们曾经提到了实习期教师所描述的一系列对于现实生活的忧虑。现在我们又回到这个话题上了，要确保之前提及的所有问题都可以找出应对办法。

当我走进教室学生发出了嘲笑声，到底发生了什么

他们不会无缘无故地嘲笑，他们为什么会嘲笑呢？只要你严格地遵从学校文化的风格穿着和行为，那么你就会得益于从中获得的权威感，让你感到自己已经融入了学校的文化当中。扮演你作为一名教师的角色：在教室门口迎候你的学生，逐步建立你的目标期望，从他们走进教室开始，注意他们坐在哪儿，了解他们需要什么样的学习资源……这样做的话，在你对全班开始演讲之前，学生们就已经知道了你是一个目标明确、组织性强的老师。

有什么好的方法可以增强我的自信

自信心的来源是能够尽可能地把握更多的可控因素，它同样也来源于日常规范和实践，这些因素都应该是我们在日常工作中非常熟悉的。

因此，在做事之前要尽自己所能列出计划，这样才能降低把事情弄糟的风险。在你最初的几节课里，不要准备过多的展示自己经验和与技术的内容。利用这个早期阶段来建立自己的教师形象，让学生乐于上你的课，让他们觉得你是一个目标明确、清楚简洁的人，对他们的教材了如指掌而且能够很好地阐述它，是一个亲切随和的人，但是绝不会信口开河。

这些准备意味着：

■ 先要了解你上课的教室是什么样子。

■ 如果可能的话，要尽量先熟悉教室，哪里可以体现你的目标期望，可以通过展示的方式将它们表达出来；逐步建立起一套包含着你的价值观和方法论的行为规范，让自己的讲桌保持整洁、有条不紊，流露出一种冷静的气质。

■ 用一块白板开始做备课计划，要有逻辑性地来概括它：在学生的学习内容方面要有一个全面的框架结构，要用活动来配合课程达到这个目的，一种清晰可靠的感觉会帮助你上一堂充满自信的课。

■ 要了解你所教学生的背景信息。

■ 对课程内容的每个环节都使用多媒体方式可能不是一件好事——

之前我曾经一天之内在别的学校观摩了四堂课，由此总结出这个结论——在四节课的两节课中，互动式电子白板根本没有充分地使用，而教师似乎困难重重，感到很沮丧：认为自己无法驾驭高科技，自动地启动B计划了。

有什么好办法能够记住学生的名字

在第一节课的时候编排座位计划，让自己的点名册在每一节课上都清晰和公开；在一开始的那些天，让学生在被点名之后把手举起来：用这个时间来向他们说hello，并将名字和面孔对应起来。

打印出一张有班上同学照片的班级表格（如果校园信息系统里本身就有的话），在家里或者是课间，花五分钟时间来强迫自己记住这些名字。随着你教书的时间越长，这项工作会变得越来越轻松。

在申请职位之前，在个人陈述中要写下的最重要的事情是什么

三条建议：

■ 要包括一切可以显示你适合做教师的素材和证据——特别是教书方面的经验、教练经验、志愿者以及管理他人的经验，对每个角色的职责要区分清楚。

■ 要对你性格当中的优点加以重点强调，尤其是你品质当中的可靠与

诚信。

■ 要显示你从事教育行业的责任，你对这项职业所包含内容的理解以

及你想要学习的意愿。

设计一个作业计划表的最好方法是什么

作业计划表是教师职业中的"面包和黄油"——最常规的工作，它们可能会在学生内心深处造成一种沮丧的感觉。因为如果它们出现得过于频繁的话，给人的感觉就是来填鸭的，让这个班级的日程成天都满满当当。学生们同样会因此而遗忘、分裂、迷茫和绝望，因此，要尽量削弱作业计划表可能的各种权力，而只是简单地把它当作一个学习工具罢了。

因此不要过于频繁地使用作业计划表，需要的话，可以坚持让学生们整洁地把它粘贴在文件夹或者练习簿上，这本身也算是一项家庭作业。在下一节课开始的时候，检查一下他们做得怎么样。如果发现他们没有按照要求去做，让学生在记事簿或作业记录上再特地写上一句提醒他们这样做的提示语，并要求他们在第二天见到你时证明自己已经这么做了，而你也需要在自己的日记本上记录一下这个安排。

作业计划表——和一个教师工作中其他很多方面一样，蕴涵着一种象征意义：它们展示了你的标准和期望。你给予作业计划表多高的地位，那么在学生们的眼中，它也会有多高的地位。

为了设计出一份有效的作业计划表，下面有一些建议：

首先要清楚你设计它的目的是什么：使用它的结果是期望学生能够学到什么东西。

然后，在设计时心里要想着学生，便于一开始就能够抓住学生的注意力（比如说：可视化的、通过一张图片或是提出一个大大的问题）。

对所有重要的词语都要"去神秘化"，你可以在作业计划表开头处，通过一个词汇表来达到这个目的（这样做的好处，就是在学生开始阅读课文之前，就能够对那些比较困难的词语有个初步印象）。

在表格的边上，或者是在长文章之间的空隙处，通过提出问题来帮助学生建立理解所学内容的自信心。

运用统一的字体和风格来增加易读性（不要用漫画，字体不要小于12号）。

在作业表中要留有空白——不要整个篇幅都充满着文字和图形。

在你的教学过程中，要有意地收集一些高效的作业本范例：看一看简单优质的可视化效果是如何让一门复杂的学科变得有趣、吸引人和更容易被理解的。

我怎样才能写好一个课程计划

这一部分的内容在前文中有详细的论述，现在因为你更富有经验，那么课程计划就应该变得更直观、更节省时间。在早期的那些日子里，这项工作可能会让人觉得坐立不安。这里有我的三项主要的提示：

1.课程计划是建立在学习知识而不是开展活动之上的，这也就意味——毋庸置疑，你需要清楚在一学年、一学期、一个单元或一节课的学习之后，学生应该知道什么和他们能够做到什么。它也意味着，你要了解学生需要做出哪些行为才可以证明他们已经掌握了所学的知识（比如说，他们必须得表达些什么、书写些什么，或是如何表演出来），学习将主导你所计划的一系列活动。

2. 接下来就是你应该从这一节课的结尾处开始，并倒推回来设计教学过程。而且应该具有更大的雄心——你希望每一位学生知道什么、做到什么，而不仅仅是一些知识。

3. 记住：精心设计的课程计划并不能直接实现为一节优质课。一节优质课来自你如何因地制宜地调整你的课程计划，以不断适应坐在你面前的学生的需求。这也就意味着，有的时候你甚至会花比课程计划中更长的时间来完成你的课堂活动，或者是整个转变教学的方向（因为此时整个班级所达到的水平已经超过你的期望值了）。课程计划只是一份计划而已，不是一道不容变更的经典菜谱！

如果我没有一个分类架（"鸽子笼"），该怎么办

作为一个实习期老师，你不会也不需要拥有一个文件分类柜，这很正常！不久之后，当你成为一名正式教师时，你会很快配备齐所有这些东西。你回过头去看的时候，甚至希望你从来不曾有过它。

当你还是一名实习老师的时候，人们要告诉你什么注意事项或者是信息时，通常会通过你的导师或者是你一起工作的同事来传达；更有可能的

是，很多不需要说话的交流可能会由电子邮件全权代理了。

而在成为一名正式教师之后，你会知道自己在职业上真正得到了一个立足点：你会被分配到一个文件柜，一个上面贴满了好奇标签的柜子，标志着我们的员工办公室与其他学校的种种不同之处。

对你和对向你传递材料的人来说，文件柜会变成一句咒语，因为它很快就会被各种小纸条、信件、奇怪的练习册等类似的东西塞满。对你而言，你很快就分不清楚哪些东西是新的，哪些东西是陈年旧账。对投递东西到里面的人而言，他们会对你对里面的内容根本不屑一顾的行为感到灰心丧气。

因此，努力把自己的"鸽子笼"整理一下吧——如果你有的话，一天整理两次为好。在离开教员办公室去上课的时候，要给自己一个清楚的任务就是清空"鸽子笼"，不要管它里面是些什么东西——把它们都带走，不要让自己性格中懒散的一面在"鸽子笼"里留下痕迹。要做一个在生活中有条不紊的人，在记录一些笔记或者是信息之后尽可能快地处理掉它们。如果有便条提醒你要和谁联系的话——比如说，和你训导团队某位学生的家长打电话，或者是将某位缺席学生的作业情况通过电子邮件发送给年级组长，那么立即坐下来把它们全都处理完，或者提前记录在你的日常管理记事本上。注明信息内容以及任何它所包含的不可缺少的细节后，就可以把那些纸条扔掉了，你会从清理掉那些乱七八糟的纸张的习惯当中得到享受。

也就是说，你有个单选项：要么立即对所得到的信息采取行动然后扔掉它，要么记录在"一天所要做的事"清单里然后扔掉它。

可能还会有其他的一些材料放在你的鸽子笼里，如果你让它们堆积起来——即时贴、通告信息，以及一些垃圾信件，还不如马上就把它们统统扔掉。如果你不幸地扔掉了什么将来被证明是很重要的东西的话，那也没有什么关系，因为给你拿过来的人之后一定会回来与你取得联系的。

因为有了电子邮件，就不要再做你的文件柜的奴隶了：你要学会控制它！在教师这样的职业中，它是一个最让你感到满意的控制区，因为你有时间和空间来处理它。

工作群会随时有我必不可少的咖啡吗

可能没有！不要过分依赖咖啡。你在讲课时，坐在学生面前的时候，很显然你不可能翘着二郎腿惬意地喝着咖啡和茶。我从来没有看到过或听说过一位优秀的教师会这么做，相反一位没有礼貌的、自以为是的人才可能这样表现。

咖啡和茶，都是为课间和午餐时间准备的，没必要和上一节课一样准时准点地享用。

但要多喝一些水，在到教室上课的一整天，你都可以带上一瓶水。

第一天上班我该穿什么才得体

穿衣的风格要能显示出你是职业团队中的一员，代表着自己在执行高标准。得体的穿衣方式要比随意的方式更为人所看重，因为这代表着你的正式程度。

同样，你的穿衣方式也传递出一个信息——你希望你的学生们如何穿着。如果你在讲课的时候穿得很随意或者是不太整洁，学生们可能会认为你自己对自己的期望并不高。当然，我们也见过一些优秀的教师穿着打扮不是很讲究，但前提是他们已是功成名就的教师：他们的名望早已经由他们的魅力、语言，以及成百上千节课锻造出来了。

另一方面，你仅仅是刚开始，你还未经试炼、未经检验。所有关于教师效率的研究告诉我们，学生们通常会对教师做出非常准确的判断，而且很快，他们对于你作为一个教师的品质就已经一目了然。

你开门的方式，你点名的方式，你说"你好"的方式：所有这些东西都会被学生们看在眼里，形成对你能力的初始评价。

在你还没有开口说一个单词的时候，他们也许就已经对你下了结论。当他们到校的时候你站在哪里？你是怎样站立的？以及——更关键的，你是怎么看学生的，所有这些细节都要注意。

因此，对那个非常重要的第一天来说，不要因为你的穿着给别人留下评头论足的机会，精心地穿戴吧。如果你还在疑惑哪些衣服是否有点随意，而哪些衣服又过于庄重的话，请默认选择庄重的那一套。

如果一名学生告诉了我他的一些隐私，
比如说他们被虐待，我该怎么做

直接说出来，比如这样来说："看——我很高兴你能信任我，并跟我说这些。但是我得把这些情况告诉学校里更高级别的同事，才可以解决这样的问题。你所说的这些事情让我感到深深的担忧，但重要的是你一定会得到你想要得到的支持。"

不管学生怎么说，比如说请求你不要告诉其他任何人，但你仍然需要这样做。尽可能快地去见学校指定的安全管理官员——学校里直接负责学生安全保护问题的最高管理人员。

如果他们正在开会，请某人帮忙打断他一下。

你绝对不能无视你从孩子那里听到的话，或者是盲目自信地由自己来处理它，或者是承受着不断增加的压力而无处分担。孩子可能——不管他或她承认与否，都需要最紧急的援助，而你的责任就是保证将这样的信息传递出去。

在一次工作面试中我可以有什么样的期待

这部分的细节在前文中已经详细描述过，这里选一些要点重述：

■ 深思熟虑地提出申请；

■ 记住你这一整天的言行都处于被评判当中，而不仅仅是在上试讲课或者是面试的时候才有；

■ 花一天时间看看这所学校到底是否真的适合你；

■ 回答问题时要多举例子，如果可能的话，尽量用你的亲身经历；

■ 穿着得体，微笑但不要话语太多。

我需要多久才能够独立完成教学工作

这一点在不同的学校情况各不相同，也取决于你原先打算在班级里实践的各种教学方式能够获得的效果有多大。这是一个非常好的问题，因为学习如何教学的过程，实际上是不断积累经验的过程；事实上，只有什么时候你真正"单飞"了（对！独自面对25个甚至更多的小青年，单独给他们上课），你才能知道其中的感受以及你真正需要做些什么。

如果你已经感觉到自己的自信，同时也感觉到来自导师或者身后团队里其他教师对你教学实践的"约束"，那就和他们讨论这个问题。请求他们给你更多的机会，让你在没有听课者的环境下，单独给自己的班级上课。

有的时候校方会坚持原则，事实上，也许你在自己真正做好准备之前，就提出了这样的要求——因为如果听课者的数量太多，让你觉得压力过大时，你也可以提出这样的要求。

如果我不喜欢我的导师，无法与之共事，
或者是迷恋上他，该怎么办

发生了这样的情况，或者至少是问题当中的前两项，该怎么处理呢？

他们看起来就像是你在培训课程中遇到的某个人，或者很像是你的家里人，但是你最好不要混淆，这件事情现在发生在学校里。

至于这种事情是否真的会成为一个问题，或者它会有多严重，完全取决于你自己。如果这事关有些人的行为方式让你感到不满——比如说，他

过于吹毛求疵，过于尖刻，过于挑剔，过于自负，等等，那么有可能这正是你需要的人。有的时候，这些人看上去明显不是我们最想要选择的那类人，但是他们却能够指引和带领我们做得更好，强制我们进行思考，让我们看得更远。

在任何情况下，训练教学能力这件事情都是一项充满压力的事情，你需要处处小心谨慎。像你和导师之间存在明显的不愉快合作关系这种事情，可能会在学校里、在工作中、在实习过程中埋下更深的、无法想象的不安定因素。

因此，在你认定这种关系到底是否无法调和之前，要给大家一些时间。如果你真的认为它已经导致大家都无法正常工作，或者阻碍了你在职业道路上的发展，那么你需要把这件事情说出来。比如说你可以回到培训学院，和你的PGCE导师交流一下，或者是找到学校中负责教师培训的更高级别的领导。

你需要将问题谨慎而又严肃地表达出来，大概可以像下面这样来说：

非常抱歉我带着这个问题来找您，但是经过再三考虑我觉得自己必须这么做。这个问题是关于我和我的指导教师之间关系的问题，现在这个问题已经影响到了我的日常工作，有的时候已经导致我失眠，我在教学过程中感到压力重重。

我这里已经简明地写下了问题所在，我希望您可以帮助我解决这个问题。

这样的话学校也许会采取一些建设性的措施，但也许不会有任何变化，因此很有可能你依然无法摆脱学校指定给你的这位导师，从而导致在今后你与他的谈话中，他会问到你为何要对他进行投诉——这种谈话基本可以肯定是无法进行下去的。

这也就是说，你必须要考虑到其中的风险，下面就是一种可能的回复：

这不是对您的埋怨或者不满，但我发现自己的确很难与您共事。我很了解您在过去曾指导过很多人，而且你的业绩真的让人高山仰止。但是就我的情况而言，我得说实话，我觉得这并没有给我的工作带来什么帮助，因此，我能做的就是把这种情形告诉某某人。我真的不知道如何就此事向您开口，我思虑再三，决定看看是否还有什么可能性，能让别的指导教师来指导我。

但是，我要说的是，这真的不是针对您个人的投诉，只是一个我觉得需要另外一种类型的导师的说明。因此——如果您对我的请求感到失望的话，我只能说"抱歉"。但是我这么做，都是出于我想成为一个优秀教师的目的。

可以想象以后谈话的基调肯定都是冷若冰霜的，但是你得一直保持微笑，要正面积极，保持自己的职业态度，尽自己的最大努力积极与这位导师配合工作。

而且，从另一个角度来说，也许事情会发生好转。

问题的最后部分是："如果我迷恋上我的导师，怎么办？"答案很简单，只有一个：不可以！

如果我在学校里迷路了该怎么办

想象一下，你可能手上有一张学校的地图，抓紧时间独自一人在学校里面到处走走，尽量地记住各个部门的明显标志。要么在一开始几天稍微来早一些，或者是第一周那几天下班之后多在学校里待一会儿，这样你就可以四处看看，并且大致了解了学校各个部门的所在，最好周围不要有太多的学生。

如果你真的还是迷路了，最好的方式是叫住一个学生问他：抱歉！我忘了怎么能到达科学馆了，你可以告诉我怎么走吗？谢谢！

学生一定会为你指路，告诉你正确的方向。

当我在工作中碰了壁、行不通或是成为包袱的时候，该怎么办

这种情况是经常会发生的，你会遇到这样一个严重的阴暗低谷期：或许，你开始为自己的能力不足而失眠，或者是碰上了班级行为管理上的难题。

这只是正常工作当中的一部分，就算是对那些久经沙场的老教师而言也是一样。你需要有一个让你可以卸下包袱的对象———位乐意倾听你倾诉自己心中不安的人。

另外也要保证自己可以出去走一走。尝试在一周里的某个晚上——比如说周三晚上，约你的朋友一同出去逛街，或者去健身，去看一场电影。在周末的时候，也要记得做同样的事情——一定要让自己从繁重的课程计

划和批改作业中，留出一天来休闲。

相比稍微过度的疲劳，事态要严重得多的话，请与你大学或院系里的熟人，或学校里的某个人交谈一下吧！不要让你自己的忧虑心情一直被压抑。把这些负面情绪宣泄出来，你会立即发现，你并不是第一个有这种感觉的人。我们都曾经经历过情绪的低谷，很多人至今还在那里徘徊呢！

如果学生试图在微博上关注我或加我微信时，我该如何回应

这是一个重要的问题，作为一个校长，我逐渐发现我得更多地参与到一些问题的解决中去，而这些问题本身是由我们的员工忘记了自己的职业边界所致。

保持申请"每日邮件测试"。这项测试我在之前章节曾经提到过："对于一条信息，把它放在每日邮件的首页上，我会很开心吗？"如果觉得不确定的话，就不要发送或者张贴出此类信息。

如果有一天因为下大雪，学校必须停课，而你在自己的脸书主页上这样写——"哇塞，好棒的一场雪！"看到这个，有些朋友会开怀大笑，而有的家长则可能感到愤怒。这样的一条消息甚至可能会导致学校的名誉受到损害，一定要谨慎！

如何才能快速提高自己的待遇水平

目前在确定薪酬的问题上，学校正在变得越来越灵活，他们可以在一开始，付给你一笔额外的薪水，学校可以把这笔费用定名为"入职津贴"

或者"安家津贴"。如果你是与众不同的那一个，而他们又想把你留在学校当中，你可能会收到一份"保留津贴"，这又是一笔可以由学校自己规定的报酬。一旦你成为一位优秀的教师，你的年薪会由学校的管理层以及政府来决定增加的额度，这还会与你全年的业绩表现挂钩。按照学校的评价体系，每年都会对你的工作进行考评。

在面试的时候，你可以自由地问及上述这些额外薪酬的可能性和要求，不过你最好还是要先定好自己的基调。而我的建议是，要尽量避免表现出你只有在"安家津贴"到位的前提下才会接受这份工作的样子。

也许在面试即将进入尾声的时候，面试官会问你还有什么问题是你所关心的。如果你希望了解，那么这是你提出类似问题的正确时间：

你们知道我教的不是一门人手短缺的学科，而我还在排队等候其他几个面试。我希望你们不要在意我说的这些话，我只是想问一下：如果我被贵校录取了，同时我也决定到这里来的话，你们是否考虑过为我提供一笔"入职津贴"？这就是我想我需要单独向你们提出来的一个问题。

有一些候选人在提出此类问题的时候可能会感觉不太舒服，而有的人则会乐于提出这样的问题而显得有点"厚颜无耻"，这就是我来介绍如何表达这类问题的原因——要用一种平静、尊重的询问语气来提问，而不要把自己的喜好溢于言表。祝你好运！

如果我在一所非常好且没有任何行为问题的学校里实习，之后却被一所有很多行为问题的学校录用了，该怎么办

适用于所有学校的相同准则是：

■ 设定清晰的针对学生行为规范的目标期望；

■ 要明白提高班级管理效率的关键是"防患于未然"而不是"亡羊补牢"——在发生问题之前发现潜在的问题，在学生们对一节课的兴趣在慢慢消退时，及时变化步伐和方向，在教室里来回地走动；

■ 对你所需要的行为做出表率（特别是需要一直保持礼貌和冷静，以及感觉到压力时的平静表现）；

■ 要明白有兴趣的课程会大大减少行为问题；

■ 当你或者其他人在公开场合说话的时候，要坚持让学生们保持安静；

■ 一旦有需要，要多使用学校的奖励体系和惩罚系统，但是不必要的时候不要滥用（换言之，不要让自己得到诸如"总是不断对学生进行扣留管教"的坏名声）。

在任何学校中，你都会遭遇到学生的各种挑衅行为，这是未成年人的天性，他们有时候会不按顺序发言，藐视课堂，坐立不安，昏昏欲睡或者是陷入某种困局而无法摆脱。不要期待有品德上的完美典范，就算你在最有名望的学校里——哪怕是在教育局的行为排名表上位居"超优等"的学校教书也是一样。

教育实践要求你制定出上面那些规则，并不断使你的方式方法变得更成熟，然后你可以掌握这套方法，从现在的学校来到另外一所学校，娴熟地运用。

某些有难度的和我们不愿意看到的可能性在于，无论我们职业生涯的舞台在哪里，我们会因频繁的工作变动而逐渐忘记了重申这些规则和这些方法。我记得自己成为一名副校长时，惊讶地发现了这个问题。我想当然地认为学生们看到我的条纹制服和闪闪发光的工作牌时，就会自然而然地温良谦恭让了，可是实际是"一点儿也不"！

因此，无论你到了哪里，无论在哪个学校，你都得从一开始就部署你的班级管理策略。从教学的实际经验来看，那就是你得不断地实践和磨砺自己的原因，你还得坚持不断地从训导工作上、从不同学科上来观察和体会其他教师是怎么做的。观察那些通过自己在学校已有的名望编制出了无形的"魔法网"的教师们的工作，他们的名望大多是经年累月才积累起来的；观察那些外形天生不具备权威感的老师，他们尚未获得学生行为管理的条纹制服，但有可能通过熟练运用管理技巧，通过确立目标、制定纪律等方式，在对上一届学生的教学和管理中得成效。

观察他们的工作，与他们交流并向他们学习。

然后你就可以尽自己的最大努力去工作，不管是在什么样的学校。不要去理会任何有关学校名声的流言蜚语，或是哪个班级比较特殊，又或是哪位学生总是行为异常，等等。假设他们全都会在你的面前表现出体面的行为，那么你就知道当情况不是这样的时候应该怎么去做。

当你碰到焦头烂额的情况时，无论是糟糕的一节课、糟糕的一天或者是糟糕的一周，都要记住这是很正常的事情。对我们每个人来说都一样——在我们职业生涯的每一个阶段，总是会发生这样那样的事情，在这个经常令人兴奋、偶尔让人愤怒而且一直让人着迷的职业中发生的一切就叫作教学！

如果我的导师在专业知识方面犯了很多错误该怎么办

如果你没有经历过这类事情的的话，这的确是一个很好的问题。我认为你可以设身处地地设想一下，你的工作并不是去培训类似你的导师这样的教师，让他们变得更优秀，最要紧的事情是你要把自己打造成一名优秀的教师。

但是，这儿应该也有一种解决这个问题的方法，而且不会破坏你与导师之间的关系。举个例子，当你在观摩导师讲课时，发现学科知识上的差距已经暴露出问题的话，那么在接下来的课堂讨论当中，你应该会继续关注它。你们的讨论可能会像下面这样进行：

您知道当您在向学生们解释"nadir"这个单词的时候，说它是历史上的"高点"，但是我一直认为这个单词是相反的意思——是"低点"。难道是我一直错了吗？还是您说的我听错了？

换个角度讲，你有可能并不想挑明任何事情——因为那样做只可能会造成你与指导教师之间的紧张关系。让自己看起来就像是个自以为是的新人吧，这样你就敢于毫无畏惧地向这些老练的教师提问了。

因此，从现在开始，不要觉得自己肩负着改变世界的光荣使命。时间合适的话，说一些犯错的话也是未尝不可的，而且你可以人为地制造一个敏感的环境来这么做，否则，如果没有把握的话，就什么都不要作为好！

如果我的专业知识明显不足该怎么办

这个问题体现了一个我们都熟悉的情形，那就是：即使这种情况不是经常性地发生在大庭广众之下，它也会让我们噩梦连连。我们真的对自己的学科了如指掌吗？

在1770年，诗人奥利弗·戈尔德史密斯发表了一首名为《被废弃的村庄》的诗，其中对于乡村学校校长的描述有这样两句：

他们目不转睛盯着他，越来越惊诧，

他知道得这么多，小脑袋怎能装得下？

这就是看上去无所不知的教师的形象！

在教学实践方面，在我们职业生涯的早期，我们会碰上很多类似的老师。他们简直令人难以望其项背——不仅让我们觉得自己所知道的知识和他们相比简直有天壤之别，而且还会让我们觉得似乎永远也不可能赶上他们。

其实这对于我们来说是特别容易进入的一种状态，当我们接受培训的时候，经常会痴迷于那些对教学驾轻就熟的名师们的专业素养而不能自拔。

"我们怎样才能和他一样掌握那么多的知识啊？"我们经常这样问自己。

而事实是这样的：在最初从教的那些年，我们总感到自己的智商低人一等。现代的学位课程不可避免地让知识都变形了，我们从学科专业上学到的知识都是碎片化的，而且我们几乎没有可能学到工作所需的全部知识。

我们只了解自己学过的那点可怜的专业知识。

那就顺其自然吧！在你的职业生涯开始的头几年，你不能指望自己了解的知识能够和那些已经在半道上甚至是即将抵达终点的老教师相提并论。

但如果我们还是很严肃地看待教师这个职业的话，那么我们就该清楚教书本身就是一项要求我们保持终身学习的职业。在这其中，我们要为学生做出示范，那就是学习不只局限于教室以内，也不只是为了考试过关而临时应付的，而是我们必须终其一生都要去做的事情——因为了解事情的本质以及了解该怎么去做事情，是既重要又有趣的一件事情。

换句话说：放松点！尽管你的学科里还有很多方面的知识你是不知道的。

但教育中的一件快事就是我们能够不断地进行学习，而且我们一旦掌握了学习知识的真正方法，那我们也能够将它传授给自己的学生。

这些年来，这应该是最让我感觉到兴奋的那部分工作了——被问及我所不知道答案的问题，我只能说，"好问题！——我现在还不知道怎么回答，不过让我们一起来寻找答案吧！"

这才应该是真正的教育和学习应该关注的核心工作。

假如在头几节课上，我就被奇怪的姓氏难倒了，我该如何处理

这种情况不会经常发生，有的时候当你在念学生姓名时发音听起来和别的词有点相似的情况下，也许会出现这个问题。

我的建议是你在班上上第一节课时，直接以点名的方式作为开场白。你编排座位的时候，要求加上姓名。你可以让学生自己来读出他们的名字，以及他们今后想被如何称呼（比如，弗洛伦斯对你来说，可否简称为弗洛）。

如果问题是出在姓上的话，比如说这个姓氏很生僻，你很少碰到过（或者它是多音字）——那么在绝大部分场合下，你还是直接称呼学生的名字为妥。

最重要的是要在你的座位表上加入学生的姓名，这样的话，今后你就可以慢慢地熟悉学生姓名的发音，其实在很多情况下，你都没有必要用到学生的姓氏。

如果某节课我上得很糟糕，孩子们认为我很差劲，
那么我该如何改变给他们留下的印象

我们在这一点上很容易感到困扰——感觉自己就像被整个集体抛弃了一般，或者感觉自己不够好。我们甚至会整晚躺在床上无法入睡，让这样的事情不断地折磨着自己。这是一种典型的教师情绪，会在你的整个职业生涯中不断重现——情绪就是如此，在和一些集体打交道的时候你无法预知。通常一年至少会有一次，以我的经验来看，我觉得其实只是暂时找不

到感觉而已。

然后我们开始考虑，其实我们并不需要所谓的重新让这个集体恢复对你的信心，这是从这样"黑暗""悲惨"的处境里尽快摆脱出来的最简单的思维模式。

以我过去的经验来看，每一节新课都会给我们带来新鲜的感觉。我们需要重新校准自己的心态，开始认真对待下一节要给这个班上的课，要给自己一个全新的、乐观的、从头再来的机会。

站在教室门边，微笑着，看上去焕然一新而又目标明确。可以快速地概括一下上节课，开始点名，按照这节课的既定步骤开始讲课。

有的时候，你需要承认某一节课上得不怎么样。根据我的经验，这样做有助于缓和气氛——像这样说："上一节课上得不怎么样，是吧？我觉得这是由我当时情绪不佳，无法集中精力造成的。那么，今天让我们来个全新的开始吧！"

这种方式对我来说屡试不爽，学生们会在不知不觉中缴械，放弃敌对。这就说明有时一节课可以上得很好，可是有时也未必——因此，这个原因可以让师生双方都放松下来。

最主要的事情，我告诉你，就是尽量不要去担心学生们会怎么想——首先，因为他们实际上也许根本没有去想这件事情（这节课对他们来说，只是看似无休无止的众多课程中的一节而已），然后，就算他们在想这件事情，你也不可能左右他们的想法。

那么，还是想想你目前能够掌控的事情吧！为下节课精心准备一个教学设计，把你的乐观思想都集中在一起，然后不偏不倚地来上正确的一击。

我如何界定职业关系和师生友谊

你可以同时处理好这两者的关系。首先，你要一直牢记你到这儿来是给学生上课的，而不是成为他们的朋友，但那并不代表师生之间没有友谊。

那么，在这个问题上最重要的就是对教师的边界线要有清晰的界定，而且要提前考虑到任何可能导致误会的情况，这其中的一部分其实都是常识而已。因此，如果你要给一位异性学生一对一单独补课或者谈话的话，你应该把房间的门至少打开一扇或者坐在靠近窗子的地方。换句话说，你要确保自己随时都是公开的，不能将自己置于有不妥行为的嫌疑下。

如果你鼓励学生通过电子邮件给你发送作业或者是提问题的话，那么你要保证自己完全遵从学校的ICT使用指南的规定，这其中可能就包括你需要使用学校的官方电子邮箱，而不是你的个人邮箱，在需要的情况下，你可以在发送或回复邮件的时候，也给你的学科主任或其他人同时抄送一份。

友好地对待学生意味着你是一个容易接近的人，提出自己的建议，倾听他们在学习你的科目过程中遇到的问题。一旦你感觉到事情有可能进入到了另外一个区域的话——比如说学生想要在家里告诉你自己碰到的问题，那么你需要向他澄清：你不能保证对任何信息进行保密，你会将他（她）告诉你的事情转告给别的可以提供帮助的老师。

这是保证你坚持自己教师界线的关键要素，在你开启职业生涯的最初几年，你一定要做好清楚地区分职业和友谊的表率。

我如何在教室之外提高自己的教学技能

如果你不只是将自己的学习局限于教室内的话，那么你一定会成为一名更加优秀的教师。加入到课外活动中去，陪伴学生一起旅行和参观；融入到教师的研究项目中，帮助学校做有益的事情——所有这些都会证明个人的成功与职业的教育同样重要。

有太多的教师仅仅是通过自己教室的那个小小途径来了解他们的学生和他们所工作的学校，这些是自己所教的学生，他们学的是自己教的那门课，这间教室是自己的领地。而他们并没有看到，同样是这群学生在做着另外一些事——在舞蹈演出中进行精彩表演，演奏乐器，参加辩论赛，正在高度紧张地准备参加"爱丁堡公爵奖学旅行计划"等活动。

这样看来，走出教室参与学生的活动，似乎你的整个生命就彻底地贡献给了学校。但是，你所得到的回报也是超出预期的——至少你的学生在学校音乐会，或者其他活动中看到你坐在观众席里的身影，会无比开心！

所有这些工作，都可以加深你自己对学校文化的理解，加深你对教室之外学生还会创造什么奇迹的了解——这是整个学校的校风，它同样也会对学生在教室里所能取得的成就起到促进作用。

你也会在这个过程中感受到学校中亲密无间的感情，培养对这个集体更强烈的归属感。

所有的这些将会而且只会对你的教学工作更加有益！

如果你特别需要在你的教学技能上有所发展的话，那么就花点时间去观察别的学科老师是怎么上课的——包括那些你认为和你讲课内容和方式相去甚远的学科和老师，都会给你带来显著的帮助。

在学校里我应该怎么穿着

每个学校都有一套穿衣规则。照着它做——通常情况下，坚持下去。如果你偶尔偏离了轨道，那么也要尽量穿着更正式一些，而不是更随意。这也为你的教学定了基调，请参照前文中描述过的内容。

我如何才能写出高效的教学目标

对学习目标的极度狂热似乎现在仍处于争论当中，它有可能让一件事情变得程式化，最糟糕的是，有可能会生搬硬套地产生出一个冲动鲁莽的所谓'三项子计划'的概念——所谓的"全体、大多数和一部分"学生在一节课结束之后所期望获得的目标。

这种想要试图建立不同等级水平的做法被证明是非常粗陋的方式，而它很快就被学生的表现证明是彻底失败的。

在设定学习目标时教师们最容易犯的错误，是过多地把精力放在他们想要学生能够在一节课快结束时"做到什么"这个想法上，而不是他们希望学生们学到什么知识。

你得像激光扫描那样：如果学生们要得到某种进步，那么最基本的知识和技能是哪些？然后再去考虑他们能够做到什么，并能够向你证明。

通常情况下，你写的学习目标要简短，如"学习如何在发言中建立强有力的论据"或是"理解为什么索梅战役被证明是英国在第一次世界大战中的转折点"。

你也许需要将这些东西写得让学生们都看得懂，然后你需要去阐释它，可能的话使用一些大一点儿的问题或者一些类似"抛锚'的技巧来引起学生的兴趣。

那么在一节讲述劝说技巧的课程里，你可以这样说：

你是否设想过，你可能被说服去做什么事情，或者去想、去说一些你现在都不相信的事情？你是不是一个会被轻易说服的人？或者你相信自己是一个能够顶住任何人的压力而不动摇的人吗？

因此，如果你现在正在超市买一听饮料，你是喜欢购买超市里的自有品牌呢，还是喜欢去买那些著名的品牌——尽管它们看上去要更贵一些？

你被说服的可能性有多大？而你在说服别人的时候表现又如何呢？

看一下我们这节课的学习目标，它告诉你们我在本节课的最后希望你们能够做到的事情。

主题就是我们将要开发自己所需要的一项技能，在一篇文章当中我们要能做到劝说我们的读者或听众相信我们想要他们相信的观点，而不是他们期望的观点。

让我们先看几篇发言稿，作为开始吧！

同往常一样，这些内容写到纸面上就感觉有点做作了，我们每个人都有自己不同的行文风格，以及表述自己想法的不同方式。不过这里只是举了一个例子而已，它是用来证明使用大问题、发起一个挑战或提出一个需要解决的难题可以吊起学生的胃口，然后让他们的相关知识或者技巧能够得到培养和发展。

如何保持工作和生活之间的平衡

教书是一项节奏均衡和不停循环的工作，它在一年中或一周内都可能会出现一些时间节点，也许在这些时间节点上你会觉得自己压力山大。这些压力点也不会永远消失，一年、一月或者是一天都可能会被彻底改变。除此之外，"工作和生活的平衡"也不是只停留在观念中的，因为我们经常处于平淡无奇和枯燥乏味的单调生活中。

更好的办法是，你要认识到当那些可能的压力点出现的话，你得有办法去对付它们。在一个新学年的开始阶段，比如说，虽然这可能是在漫长假期之后整个人的一次大变化，但通常也只是一段下班后会议较少或者其他任务不多的时期。你完全可以利用这段时间来做一个较长的学期计划，或是找点时间多读一些与你专业有关或无关的书。如果天气条件还不错的话，这同样也是一段你可以确保每个周末可以放松一天，每个工作日可以休息一晚的时候。

然后，接踵而至的将是一连串的家长会要你应付，一大堆的学生报告要你填写，一次次模拟考试需要你评阅，等等。当我们感到疲惫的时候，更重要的是，这个时候学生们也都累了，在一年当中的这个时间点上，夜晚更加漫长，压力与日俱增，这些都让工作看起来特别困难，潜藏着无法驾驭的可能。

这也是你要控制好自己，让自己更加坚强的时候，要通过不断的"变形"来适应那些不可或缺的、令人向往的，或是不那么重要的工作。这个时候你可以对自己的课程有更大的野心——那些过分浪费时间的事情，应该留待将来再去做了。

你需要在这个时候将精力坚定地集中在备课和教学上，让课堂更具效率，而且要尽量减少失败的风险。在一学年当中最艰难的时候，你可别吓唬自己所有这些课程你都还没有准备好。这个时候可以想一些办法来减少你的作业评改负担——适当增加学生之间的相互评价，但是只能在上课的时间来进行尝试，你可以让学生一对一地或者以小组的形式通过谈话的形式向你进行反馈。

最重要的是，不要让工作压力毫无必要地控制了你的全部生活。要坚持某个晚上出去参与一次完全没有教师的聊天，或者看一场电影，或者是参加一次星期日暴走，或者参加朋友聚会，或者回家看望父母。

积极地为自己创造时间，而且不要对这样做有什么负罪感。要认识到还有很多时间你可以试图回到一种真正的、长期的"工作—生活平衡"的感觉上。你可能需要等到下一个半学期到来前的缓冲期：有的时候，这也是一种让自己度过这段困难期的办法，直到你进入下一段更安定的时间段为止。

如果在全班面前我变得慌张甚至情绪难以控制，该怎么办

教书中有一个要素就是表演，有的时候，我们不得不假装我们被什么事情深深困扰，而实际情况并非如此。或者我们需要假装自己对一位学生的回答特别感兴趣，而且有的时候——很经常的，事实上，我们需要控制自己的真实感受，假装自己心平气和。

我们都知道那种感受是什么样子的，在外表之下，我们感到深受伤害，我们甚至可以感觉到身体上开始出现的反应。我们知道，一旦不小心，我们就会说出一些让自己后悔的话或者做出一些让自己后悔的事。

这个时候你需要像自动驾驶一样——要压制住你的本能，不要去说那些讽刺的、不文雅的话，否则它们很可能会让你更加情绪化。

如果需要的话，可以引爆破坏性装置——如果这课已经上不下去了，学生们明显是在挑衅，你明显感觉到自己快要失去自控力了，那就使用这些应急措施吧！对全班同学说："把手中的笔放下，现在情况已经脱轨了，我对目前的状态感到很不高兴。下面，我们将彻底改变接下来的上课方式。"

有的时候，这种清晰的表达方式就是承认了现在存在一个可能改变课堂情绪兴奋度的问题，这样做的好处，是有可能会让全班有一个意料之外的台阶可下，同时也把你身上的压力释放掉——主要是因为你再次强调了教室这块领土是你的权威所在，这远比你让学生来安排接下来事情的感觉要好得多。

如果事情进入到非常困难的状况，而你感觉到你已经无法控制了，那

么你需要从课堂环境中摆脱出来。如果在隔壁上课的是你的学科主任或者别的老师，让一位可信的学生到他们那里告诉他（她），你需要离开教室一会儿，并且稍后会向他做出解释。

那么你现在很可能又会感到内疚了，开始担忧下节课回来的时候你的班级会怎么想。不要担忧！相反，准备好自信的微笑，对学生说"你们好"，并且说："对不起，上节课我感觉情绪不是太好，不得不匆匆离开，现在我感觉好多了，我们重新开始吧！"

打开自动驾驶模式，继续做一名教师该做的事情，让马达继续运转起来。

要保证自己有一些同情理解你的人——比如说，你的导师或者学校里的其他老师，你可以向他们倾诉，并倾听他们的回应。在那些上课"最黑暗"的日子里，我们需要有能够与自己分享经历的人。他们支撑着我们，并且满足了我们对志同道合的需求。

对于课堂和课间的暴力事件，我该如何处理？

通常你在社会媒体上读到的都是，大多数学校都是平静的绿洲，几乎没有暴力行为。不过，不可回避的是，这些说法都有点夸大其词了。当青春的荷尔蒙和年轻人的挫败感渗入到学校生活当中时，这些事情都是不会少见的。

如果你已经对你的班级设定了清楚的期望目标，并且从一些最基本的尊重和礼貌规则方面都开始坚持了一段时间，那么你所带的班级有可能会更加冷静——比如说，从来没有发生过在你或他人说话时，有学生在下面嘀嘀咕咕的现象，所有学生都按规矩脱下外套并把书包放在地板上，你会坚持不懈地以有条不紊的方式完成这样的工作。所有的这些也只是说明——会有一些细节方面的困扰出现，总体来看不会有更大的问题发生。

如果你真的遭遇到暴力事件或攻击性行为，你得学会回应。可能你当时并没有在上课，而你目睹了这个事件的酝酿过程。立即派一位学生去接待处寻求支援，要强调这是一个紧急事件。走到事发地点，让旁观者离开，将站在中间的那些人分开，让他们保持一段距离分别站着，然后，如果可以的话，把他们带到办公室或者其他地方，这样就可以在那儿安静地处理争端——而不是在所有的观众面前。

解决争端并不是你接下来需要完成的工作，但你最好尽可能让事态冷静下来。在这个过程中让他们移步到其他地方，就不失为一种好的办法。

偶尔——非常少的情况，就我的经历来看，会有情绪白热化的情形，而且双方已经开始动手，你就得掂量一下这么做是否安全。你可以先尝试着让他们停手，再去分开卷入战斗的人。

如果学校里发生了这样的事件，那么值班的安全员应该会身着颜色鲜明的夹克，带着对讲机来到现场。学校在今后会考虑增加值班教师的人数，并且在他们上岗之前，有必要进行适当的培训。

记住：这种最恶劣的极端情况是很少见的。在大多数情况下，你的角色只需要用严厉的话语喝止学生，减少学生们肢体冲突的隐患，尽自己的能力把他们尽快带离现场，等候其他更有经验的人来做进一步处理。

在你们最初开始培训的时候，可以花一些时间和一位老练的值班员工一起，在校园里四处走走。看看她/他是如何处理这类情况的——通过安静的谈话使潜在的冲突在不知不觉中被有技巧地化解掉。

🏢 **话 题**

● 这些问题是否包括了你曾经担忧或怀疑过的全部事情？

● 你还有其他更多的问题需要补充吗？

WHERE NEXT IN YOUR CAREER

44 你职业生涯的下一步在哪里

我的第一位学科主任告诉过我，我们在做教师的头三年基本上要遵循下面的路径：

- 第一年：在实践中学习如何教书；
- 第二年：在不断提高的自信中教书；
- 第三年：能够很好地教书了，这个时候，应该考虑一下是否再承担一些学校的其他工作。

现在，在很多学校当中，有一种比较正式的组织结构来帮助你感知自己的职业生涯进展得如何，以及你是否已经拥有了成为一名高效能教师所必需的知识和技能。举个例子，也许在你第一年结束的时候会有一块"里程牌"，在那里你可以好好评估一下自己是否符合教师的标准。

几年之后，可能会有一些评估表来证明你是否在持续不断的进步当中，以及你是否有足够的资格达到我们现在所知道的更高的薪资标准——一个不同的薪酬等级，针对那些已经掌握了基本知识，目前在学校中正做出更大贡献的教师，比如在从事引领或者培训其他同事的工作。

学校的传统一般是，在教师职业提升过程中主要考察的是你在教师团队里肩负着多少责任，这就意味着你要在很多工作中扮演"合作者"、"助理"或者"副手"的角色。

因此，在某些情况下，你不得不做出决定——晋升为一个领导角色，这样的工作是否适合你？这就意味着你要承担的不仅仅是自己教学质量的职责，同时还要肩负着学校里的其他职责——无论是在学科教研室或者年级组办公室里。

我们中的很多人发现在这样的工作角色中可以收获不同的满足感，当然也有来自意见、教导、支持和工作竞争方面的挑战。当你感觉到自己正在为学校社区做出更大贡献的时候，其实你也从中获益匪浅。你努力地与本年级的同事以及那些其他学科的同事协同工作，你的眼光投向了更加广阔的场景，那就是如何持续改进你的学校，特别是想在不同班级中都保持较高标准的情况下。

无法回避的是，要承担管理工作的人，需要具备在困难情况下谈话的能力——要准备去应对一位因自己的目标设定和工作质量给学生、家长或者其他带来困扰的同事。

在你决定是否肩负起这个可能适合你的责任之前，你要对这项工作有初步的认识。下面就是一张你可能面临的问题列表，比如说，预备担任学科副组长或者是年级副组长时，下列这些情况我都会在晋升面试中要求你全部罗列出来。

看看下面这些情况，可以让你体会自己能否将脚步从教室中移出来——从一个只对自己班级负责的人到一个领导角色，现在还要对其他人的教学和训导负责——这是给你的，我们看看你会如何考虑。

■ 在一次例行的记事簿检查中，你被告知A教师似乎没有布置家庭作业，他正好是副校长或助理首席教师，你该怎么办？

■ B学生有一个经常惹麻烦的不良名声，但你在调查的时候，发现他实际上在某些功课上是非常出色的，而有几门功课则糟透了。在他表现糟糕的功课中，一个共同的因素就是老师对他的态度有问题，你该怎么办？

■ 你的年级团队准备引进一种新的记录课外成绩的方式，你相信它会很好地调动学生的积极性。在一次训导会议上，C教师说他已经全部看过了，但是他表现出了悲观的态度，你该怎么办？

■ 你看了你们团队的考试成绩之后，发现D教师所教的学生成绩普遍在平均成绩以下，你该怎么办？

■ 一个来自某个班家长的事关行为问题的电话，家长投诉，在上一节课上，该班的老师对全班同学说："你们都是在浪费我的时间，我真的不想再教你们的课了。"你该怎么办？

■ 在高二年级里，有三个班要分配给三名不同的老师（你自己、一位刚来学校的新教师和一位有威望的老师——已经在学校里工作了很多个年头，对学生要求严格但是能帮助学生取得进步）。这三个班之间有很大的不同：第一个班学生能力很强，看起来有潜力达到A+的水准；第二个有很多在C/D界线上挣扎的学生，同时还有很多行为上的问题；最后一个班被形容为"学生很可爱，总能保持安静"，你该怎么分配？

■ 学生们向你抱怨，E教师的课实在太无聊了，你发现她从来不按照初学者、班级全体人员的进度规划、多样化的指导方针去教学。但是，她在GSCE的成绩都是A，让你印象深刻，你还听说她打算三年后就不干了，这时你该做些什么呢？

■ 一位学生告诉一位老师，F教师捅了他的胸一下，并说让他滚蛋。他认为这种事情相当于体罚，并说有另外一位学生是目击证人，紧接着一封投诉信就来了，你该怎么办？

■ 一位家长扬言说要去报纸上曝光，因为学校不允许她的女儿带鼻钉。她说我们在压制人权，你该怎么办？

面对以上这些"管理困局"，你该如何应对？你知道自己涉足这样的问题处理中时，应该如何表现吗？

在学校里，伴随着可以晋升的职位，经常会出现大家所说的教师丧失教学专注力的状况。在离开教室的过程中，你逐渐变成了一个"管理上很圆滑的人"。

对这些说法你之所以很少听得进去，是因为担负这样的职责能带给你新的满足感——比如说，觉得自己在做一件和带班级完全不同的事情，能够帮助到更多的学生，支持其他的老师和同事，还可以使用更多的技能，等等。

因此，当你到达那个时间节点的时候，就要开始辩证地审视自己下一步的职业生涯应该如何发展，这里需要你反思自己的人生准则（比如：你更关心教育中的哪些问题），你的适应能力有多强（你可以应付那些突如其来的不愉快，但通常是必须要进行的难应对的会谈吗），以及你自己的目标动力是什么。

然后，花一些时间看看别人是怎么完成自己的工作角色的——比如说，学科副组长在工作中有哪些令人印象深刻的地方？年级组长日复一日做的重复性工作，其目的到底是什么？花一些时间和已经处在这些位置上的同事交谈一下，倾听他们怎么说，了解他们在从事这部分与你不同的工作时，究竟是怎么做的。

话　题

● 那么，凭直觉说，你正在思考什么问题呢？

● 你是否发现自己被有晋升机会的想法和更广阔的职责范围所吸引？

● 如果没有，你对自己下一步继续在教师职业上的发展有什么打算？

后记

在300多页的建议结束之际，本书是否带领你从那些不成熟的想法——比如"教书适合我吗"，来到了你对自己成为一名卓越教师越来越有把握的境界？你是否已经开始全面考虑你的职业生涯该如何发展？

我希望你们能够发现这本指南有一定的作用，即便某些地方你们或许不认同它的建议，或者是不喜欢它的风格和基调。

这里，作为我们的"附赠品"，有我们的最后三条建议，希望这三条建议能够让你们的教育职业生涯更加愉快，充满了未知的挑战，并能激发你的创造力，就像我从中得到的一样。

首先，要做一个永远的学习者

最好的老师总是对他们的学科不断提出问题，他们总是在阅读、讨论和研究新观点、新文献和新的教学方式。他们常年不断地坚持学习，直到退休。学科的影响已经深入到他们的血液当中：他们几乎可以毫不夸张地说，生活中不能缺少它！你们也要这样！

第二，要做一个现实主义者

我们把教书视为事业，但它也是一个普通的职业。你会拥有和其他职业一样的快乐和沮丧，同事们有时候会有出乎意料的、非理性的或者是气头上的行为。这些在其他职业当中同样存在——但是教书有特殊的压力。接受这个观点吧，在你最艰难的日子里，请记住这是你的工作：不要让那些冲突或者争论令你彻夜难眠，或者带来更严重的后果——让你和某位同事关系冷淡。如果这里有什么问题，再困难的交谈也必须进行，争执的后果必须要清除干净。第二天一早就要把它当作优先事情去处理，不要让争端继续发酵。

这一点同样适用于与年轻人打交道，不管他们所居住的这个世界多么世故复杂，孩子终归是孩子。他们正在寻找自己的生存之路，他们需要我们这样的成年人帮助他们，告诉他们如何应付生活当中的种种不确定因素，他们特别需要我们为他们装备技能和知识，让他们可以顺利地启程。要保持与年轻人工作的愉悦感觉，但要记住你是一位成年人，这就意味着有时候你需要更有力、更尖锐、更"烦人"或者是更挑剔。他们是学生，不是朋友，要守住这条职业的边界线——这是你的基本工作，特别是在被社会媒体模糊不清的边界线上。

因此，你的学生有时候可能会让你感到失望，有时候会让你感到挫败。但是，在另外的一些情况下，他们又会以惊喜和进步来激励你。保持现实的看法，而没有必要让自己在一节上砸的课后陷入抑郁而不能自拔。教书，比很多工作都更有自己独特的节奏，它也会让教师有自己心理上的高峰期和低谷期。要学会接受现实，面对现实。就算是在你最"倒霉"的那些天里，在与最难以管教的班级战斗，或者是上了最让人失望的课之后，也不要忘记这一点，它只是一项工作，明天会是全新的一天！

第三，要做一个自我警醒者

很多学校都有这样的情况——有的就在教室边，有的潜伏在网络上不断更新的微信、微博中，他们的教师已经变成了不断吐槽者和愤世嫉俗者。如果你发现自己不喜欢这个工作，如果你还在反思你的动机，如果你只是看到这项工作消极的一面，如果你发现自己在学校内外都越来越世俗化，喜欢与支持厌世观点的老师在一起，如果所有的事情感觉都像是管理上的失误，如果你不再关心你的备课、你的作业批改、你的教学任务，那么请留意警告和提示！

你不能最终变成一只教师办公室里"干瘪的恐龙"——大而无当，同事不希望与你合作，学生们希望你没有教过他们。

换句话说——直截了当地，如果你开始感觉到自己出了问题，而且教书不再是你一生追求的事业之时，你应该凭直觉行事。不要再去寻找什么新东西了，换一换职业吧！

因为教书——假如你适合它，是一项不可思议的职业，你应该和有趣的、有教养的、善于表达的人一起工作。你要随时准备好开拓自己热爱的领域，你要随时准备好收获那些能够吸引你兴趣和想象的想法和观点，来点燃下一代的热情，你要随时准备好做一项充满无穷惊喜的工作，对学生产生影响——尤其是一生的影响，这能带给你极大的满足感。

是的，教书是一项令人称奇的职业，更是一项伟大的事业！在这里，我已经揭示出它的秘密。我希望你们能像我一样，拥有一段收获充实和丰富多彩的时光，其中充满了从年轻人那里释放出来的乐观、真诚以及幽默。

欢迎你投身教育事业！

杰夫·巴顿

萨福克郡，2014年5月

译者序①

　　我还记得在刚工作时，曾临危受命接过一个初一的班担任班主任。彼时离走出大学校园不到两个月，除了学科专业知识，我没有接受过任何有关班级管理的培训。我的师父杜媛恕老师，在一张16K的信签纸上，把学生报到第一天的各种事项一一罗列出来，递给我。我就是带着这张纸，第一次走进自己的班级，开始了我的班主任工作和教学生涯。

　　从教二十余年，我自己也带过很多"徒弟"，但这样手把手或者口传心授的方式，在年轻教师的成长过程中，似乎并没有太大的改变，起步阶段顺利与否，更多依赖于"师父"的水平和责任心。我刚开始工作的时候，教研组中年轻教师很少，除了杜老师之外，几乎所有的老教师都是我的"师父"，他们可以解答我绝大部分的疑问，无论教学方面的还是班级管理方面的。我就是在这样的氛围中成长起来的。可是，现在学校里这样的情况很少见了。年轻教师越来越多，很少能够像当年那样倾全组之力培养一两个后辈。更多的年轻教师，多数时候，只能凭借一己之力努力、积累，甚至仍在自己的岗位上挣扎。

　　实际上，校外的教师培训体系也有着相似的特点。一方面，我们的教

---

① 译者冯琳，北师大实验中学教师。曾任北师大昆明附中副校长、北师大克拉玛依附属学校常务副校长、北师大昌平附属学校校长助理。

师培训沿袭了很多年以前的方式——重视教材内容的分析和挖掘，重视理论讲解的逻辑和条例，重视教学案例的广泛与灵活，确实为教师顺利开展教学奠定了扎实的学科专业基础。但另一方面，这样的教师培训体系中，忽视或者说缺失了一些重要的部分，就是教学之外，学校教育工作的其他内容：从具体的课堂管理、家校联系、危机应对，乃至教师的职业规划、教育信念，等等。我越来越发现，周围的年轻教师更多的困扰不在教学中，而在教学外；而这些问题，在现实中却往往没有系统的研究和解答。

比如，我在做初中班主任时，因为不知道如何处理班里一个孩子总是课上随便说话、接下茬的问题，师父就对我说："你去找徐乐同老师吧"——大家都知道徐老师的"招"最多，是学校里最善于管理问题学生的老师之一——尽管徐老师为难于并不熟悉我的学生，他也会为我指点一二。因为周围有这样的老师，心里多少会觉得踏实。联想现在年轻老师的处境，周围这样的"智囊"是更多了还是更少了呢？从那时一直到现在，我都在幻想有这样"智囊"——不管是别人给予我，或者是我能提供给别人。

因此，在这些年做教师培训的过程中，我也越来越多地着眼于教学之外。我深知自己充其量只能算擅长一个学科，并不能解答所有学科教学中的问题。但是教室里、学校中出现的很多现象，以及教师成长中面临的很多问题，都是相近或者相似的。这种对于"相近"和"相似"的感受，在我翻译这本书的时候，得到了进一步的加深。原来，在其他国家里，在不同的文化中，学校教育要面对的问题竟是如此相同！于是，翻译的过程，就成为我们兴致勃勃地与一位资深同行对话的过程。我们跟随着作者，带着"我要不要成为一名教师"的扪心自问，从教师的职前培训开始，一路行来：我们认真书写求职信，精心准备面试，谨慎度过实习期；从入职之初经受了教学水平被质询的压力，到入职之后，应付问题学生的挑战、面对难缠家长的责难、处理好学校里的各种人际关系，我们在一步一步地走向成熟；甚至在要不要走上行政岗位的问题上，作者给予我们的指点都是如此暖心！

是的，正如作者自信地说：这是一本以前从没有过，而恰是你最需要的书。在整个职业生涯中，我都会一直感恩于众多"师父"们的教诲；与此同时，对于那些年轻的后辈们，我会把这本书郑重地推荐给你们，让这本书陪伴你走过困惑和艰难，迎来欣喜和满足。最终，你们将得到教师这个职业最充实的收获！

来吧，我们一起成长为卓越教师！

冯 琳

于北京师范大学附属实验中学

2016年4月

"常青藤"书系—中青文教师用书总目录

书名	书号	定价
特别推荐——从优秀到卓越系列		
★ 从优秀教师到卓越教师：极具影响力的日常教学策略（入选浙江省教师节用书）	9787515312378	33.80
★ 从优秀教学到卓越教学：让学生专注学习的最实用教学指南	9787515324227	32.00
★ 从优秀学校到卓越学校：他们的校长在哪些方面做得更好	9787515325637	33.80
★ 卓越课堂管理（中国教育新闻网2015年度"影响教师的100本书"）	9787515331362	68.00
名师新经典/教育名著		
★ 如何成为高效能教师（美国最畅销教师用书，销量超过350万册，最专业、最权威、最系统的教师培训第一书）	9787515301747	68.00
★ 给教师的101条建议（第三版）（《中国教育报》"最佳图书"奖）	9787515342665	33.00
★ 改善学生课堂表现的50个方法：小技巧获得大改变（入选《中国教育报》2010年和2011年"影响教师的100本书"）	9787500693536	23.80
改善学生课堂表现的50个方法操作指南：小技巧获得大改变	9787515334783	29.00
★ 优秀教师一定要知道的17件事（美国当前最有影响教育畅销书作者全新力作）	9787515342726	23.00
美国中小学世界历史读本／世界地理读本／艺术史读本	9787515317397等	106.0
美国语文读本1-6	9787515314624等	252.70
和优秀教师一起读苏霍姆林斯基	9787500698401	27.00
★ 怎么做孩子会爱上学习（入选"21世纪中国教师必读的百种好书"，《中国教育报》"2010年影响教师的100本书"）	9787500685968	22.00
快速破解60个日常教学难题	9787515339320	33.00
★ 美国最好的中学是怎样的——让孩子成为学习高手的乐园（白金版）	9787500685838	28.00
教师成长/专业素养		
安奈特·布鲁肖写给教师的101首诗	9787515340982	35.00
万人迷老师养成宝典学习指南	9787515340784	28.00
中小学教师职业道德培训手册：师德的定义、养成与评估	9787515340777	32.00
成为顶尖教师的10项修炼（中国教育新闻网2015年度"影响教师的100本书"）	9787515334066	35.00
★ T. E. T. 教师效能训练：一个已被证明能让所有年龄学生做到最好的培训项目（30周年纪念版）（中国教育新闻网2015年度"影响教师的100本书"）	9787515332284	39.00
教学需要打破常规：全世界最受欢迎的创意教学法（中国教育新闻网2015年度"影响教师的100本书"）	9787515331591	33.00
高效能教师如何带领学生取得优异成绩（中国教育新闻网2015年度"影响教师的100本书"）	9787515328980	39.00
★ 10天卓越教师自我培训（教育家安奈特·布鲁肖顶尖卓越教师培训教材）	9787515329925	29.00
给幼儿教师的100个创意：幼儿园班级设计与管理	9787515330310	29.00
给幼儿教师的100个创意：为幼升小做准备	9787515329130	29.90
给小学教师的100个创意：发展思维能力	9787515327402	29.00
给中学教师的100个创意：如何激发学生的天赋和特长／杰出的教学／快速改善学生课堂表现	9787515330723等	87.90

书名	书号	定价
以学生为中心的翻转教学11法	9787515328386	29.00
如何使教师保持职业激情	9787515305868	29.00
如何培训高效能教师：来自全美权威教师培训项目的建议	9787515324685	32.00
很好教学效果的12试金石：每天都需要专注的事情清单	9787515326283	29.90
让每个学生主动参与学习的37个技巧	9787515320526	28.00
10分钟教师培训：卓越教师的40个快速训练法	9787515320519	32.00
高效能教师的时间管理法	9787515321073	35.00
凭什么让学生服你（增订版）	9787500675204	26.00
高效能教师备课完全指南：英国最权威的备课指导用书	9787515312361	23.80
师范学院学不到的：应对学校一切的锦囊妙计	9787500679455	28.00
提高学生学习效率的9种教学方法	9787515310954	27.80
优秀教师是这样炼成的：用心教育	9787500672555	23.80
教师一定要思考的四个问题：今天，我们怎样做教师（增订版）	9787500668565	27.90
下课后来找我：资深教师给同行的建议	9787515307114	28.00
教师应该做到的和能够做到的（白金版）（美国中小学教师指定培训教材）	9787500669401	33.00
优秀教师的课堂艺术：唤醒快乐积极的教学技能手册	9787515342719	26.00
教师职业的9个角色（白金版）（美国国家教育学会教师教育委员会、哥伦比亚大学教育学院推荐书目）	9787500681014	23.80
如何成为优秀教师：英美教师职业成长"圣经"	9787500672920	26.00
万人迷老师养成宝典（第2版）（入选《中国教育报》"2010年影响教师的100本书"）	9787515342702	29.00
高效能教师的9个习惯	9787500699316	23.00
好老师可以避免的20个课堂错误（白金版）（入选《中国教育报》"2010年影响教师的100本书"）	9787500688785	21.50
教师、学生和家长焦点难题解决方案（升级版）（入选《中国教育报》"2011年影响教师的100本书"）	9787500672906	35.60
爱·上课：麻辣教师调教"天下第一班"的教育奇迹（李希贵、窦桂梅推荐）	9787500693383	29.00

课堂教学/课堂管理

给小学教师的100个简单的科学实验创意	9787515342481	39.00
老师如何提问，学生才会思考	9787515341217	33.80
教师如何提高学生小组合作学习效率	9787515340340	29.00
卓越教师的200条教学策略	9787515340401	35.00
中小学生执行力训练手册：教出高效、专注、有自信的学生	9787515335384	33.80
提高学生学习专注力的8个方法：打造深度学习课堂	9787515333557	35.00
改善学生学习态度的58个建议	9787515324067	25.00
全脑教学：影响全球300万教师的教学指导书（中国教育新闻网2015年度"影响教师的100本书"）	9787515323169	38.00
哈佛大学教育学院思维训练课	9787515325101	36.00

书名	书号	定价
完美结束一堂课的35个好创意	9787515325163	28.0
如何更好地教学：优秀教师一定要知道的事（被英国教育界奉为圣经的教学用书）	9787515324609	36.0
带着目的教与学	9787515323978	28.0
★ 美国中小学生社会技能课程与活动（学前阶段/1-3年级/4-6年级/7-12年级）	9787515322537等	153.3
彻底走出教学误区：开启轻松智能课堂管理的45个方法	9787515322285	28.0
破解问题学生的行为密码：如何教好焦虑、逆反、孤僻、暴躁、早熟的学生	9787515322292	36.0
★ 在普通课堂教出尖子生的20个方法：分层教学	9787515321868	29.0
天天向上：中学教学问题解决手册	9787515321202	29.0
13个教学难题解决手册	9787515320502	28.0
★ 让学生爱上学习的165个课堂游戏	9787515319032	39.0
美国学生游戏与素质训练手册：培养孩子合作、自尊、沟通、情商的103种教育游戏	9787515325156	36.0
老师怎么说，学生才会听（白金版）	9787515312057	28.0
快乐教学：如何让学生积极与你互动（入选《中国教育报》2010年和2011年"影响教师的100本书"）	9787500696087	29.0
★ 老师怎么教，学生才会提问	9787515317410	29.0
快速改善课堂纪律的75个方法（白金版）	9787515313665	28.0
★ 教学可以很简单：高效能教师轻松教学7法	9787515314457	25.0
88种美国中小学经典课堂教学活动	9787515314419	32.0
★ 好老师应对课堂挑战的25个方法（珍藏版）（《给教师的101条建议》作者新书）	9787500699378	25.0
快速调动学生参与的99个方法（被誉为美国调动学生参与最有价值之书）	9787515317069	31.9
★ 好老师激励后进生的21个课堂技巧	9787515311838	23.8
★ 开始和结束一堂课的50个好创意	9787515312071	19.8
培养高情商学生的7堂必修课（新版）	9787500686088	28.0
好老师因材施教的12个方法（美国著名教师伊莉莎白"好老师"三部曲）	9787500694847	22.0
★ 如何打造高效能课堂（美国《学习》杂志"教师必选"奖，"激励教师组织"推荐书目）	9787500680666	29.0
合理有据的教师评价：课堂评估衡量学生进步	9787515330815	29.0

班主任工作/德育

书名	书号	定价
★ 北京四中8班的教育奇迹	9787515321608	36.0
★ 师德教育培训手册	9787515326627	29.8
打造优秀班级的15个秘密	9787515319117	28.0
★ 设计和管理最优班级实用手册	9787515317731	49.0
★ 好老师征服后进生的14堂课（珍藏版）（美国著名教师伊莉莎白"好老师"三部曲）	9787500693819	25.0
★ 美国最优秀教师的自白（新版）（进入地方学校、教育机构教育用书征订目录）	9787500683001	26.0
优秀班主任的50条建议：师德教育感动读本（《中国教育报》专题推荐）	9787515305752	23.0
来自美国最优秀教师的建议（入选《中国教育报》"2010年影响教师的100本书"）	9787500694427	25.0
★ 班主任一定要面对的9个问题（新版）	9787500672937	22.0

书名	书号	定价
什么让教师不断进步（升级版）（入选《中国教育报》"2011年影响教师的100本书"）	9787500672401	23.80
秀教师一定读的60个故事（传达60种爱的教育方式）	9787500696285	25.00
校管理/校长领导力		
何定义、评估和改变学校文化	9787515340371	29.80
校管理者如何构建卓越学校	9787515330754	28.00
优秀学校到卓越学校：他们的校长在哪些方面做得更好	9787515325637	33.80
优秀校长一定要做的18件事（入选《中国教育报》"2009年影响教师的100本书"）	9787515342733	26.00
建杰出学校的7个杠杆	9787515324319	39.00
美国获奖中小学校长的建议（新版）（美国教育界精英校长的经验分享）	9787500675211	29.90
何调动和激励教师（增订版）（入选《中国教育报》2009年和2011年"影响教师的100本书"）	9787500673828	29.00
何应对难缠的老师	9787515306315	25.00
给校长的127条建议（入选《中国教育报》2010年和2011年"影响教师的100本书"）	9787500694779	23.00
何提升学校的内力（升级版）	9787500672159	21.80
新型学校：给学校管理者的9个策略（入选《中国教育报》2010年和2011年"影响教师的100本书"）	9787500693628	23.00
学科教学/教科研		
人大附中高考作文取胜之道	9787515320694	33.80
人大附中学生这样学语文：走近经典名著	9787515328959	33.80
让小学一年级孩子爱上阅读的40个方法	9787515307589	30.00
让学生爱上数学的48个游戏	9787515326207	26.00
优秀小学语文教师一定要知道的7件事（窦桂梅畅销作品）	9787500674139	23.80
小学语文课例研修的8个实践策略（附赠光盘）	9787515312064	33.00
考拉小巫的英语学习日记：写给为梦想而奋斗的人	9787515303505	25.00
如何成为尖子生（新版）（事半功倍的高效学习方法，3小时成为学习高手）	9787500668596	23.00
情商教育/心理咨询		
中小学心理教师的10项修炼	9787515309347	36.00
别和青春期的孩子较劲（增订版）（入选《中国教育报》"2009年影响教师的100本书"）	9787515343075	28.00
00条让孩子胜出的社交规则	9787515327648	28.00
加州大学伯克利分校的10堂幸福教养课	9787515303512	23.00
华淑敏心理咨询手记	9787500682127	25.00
幼儿园/学前教育		
幼儿园30个大主题活动精选：让工作更轻松的整合技巧	9787515339627	39.80
美国幼儿教育活动大百科：3-6岁儿童学习与发展指南用书·科学	9787515324265	150.00
美国幼儿教育活动大百科：3-6岁儿童学习与发展指南用书·艺术	9787515324289	150.00
美国幼儿教育活动大百科：3-6岁儿童学习与发展指南用书·健康与语言	9787515324296	150.00
美国幼儿教育活动大百科：3-6岁儿童学习与发展指南用书·社会	9787515324272	150.00

	书名	书号	定价
	蒙台梭利早期教育法：3-6岁儿童发展指南（理论版）	9787515322544	29.8
	蒙台梭利儿童教育手册：3-6岁儿童发展指南（实践版）	9787515307664	25.0
★	自由地学习：华德福的幼儿园教育	9787515328300	29.0
	你的水桶有多满（儿童版）	9787515342689	29.0
	赞美你：奥巴马给女儿的信	9787515303222	19.9
教育主张/教育视野			
	如何发现孩子：实践蒙台梭利解放天性的趣味游戏	9787515325750	32.0
	如何学习：用更短的时间达到更佳效果和更好成绩	9787515334844	39.8
	教师和家长共同培养卓越学生的10个策略	9787515331355	27.0
★	如何阅读：一个已被证实的低投入高回报的学习方法	9787515342627	29.9
★	芬兰教育全球第一的秘密（珍藏版）（《中国教育报》等主流媒体专题推荐，台湾教育类畅销书榜第一名）	9787515342610	28.0
	世界最好的教育给父母和教师的45堂必修课（《芬兰教育全球第一的秘密》2）	9787515342696	28.0
★	杰出青少年的7个习惯（精英版）（中小学图书馆推荐书目、中国青少年必读书目）	9787515342672	39.0
★	杰出青少年的6个决定（领袖版）（中小学图书馆推荐书目、中国青少年必读书目、全国优秀出版物奖）	9787515342658	28.0
★	7个习惯教出优秀学生（全球第一畅销书《高效能人士的七个习惯》教师版）	9787515342573	29.0
	学习的科学：如何学习得更好更快（入选2016年中国教育网暑期推荐书目）	9787515341767	39.8
	杰出青少年构建内心世界的5个坐标（中国青少年成长公开课）	9787515314952	59.0
★	跳出教育的盒子：从优秀到卓越教师的成功策略（美国中小学教学经典畅销书）	9787500689508	35.0
	夏烈教授给高中生的19场讲座（入选《中国教育报》"2013年最受教师欢迎的100本书"）	9787515318813	29.0
★	学习之道：美国公认学习第一书	9787515342641	28.0
★	翻转学习：如何更好地实践翻转课堂与慕课教学（中国教育新闻网2015年度"影响教师的100本书"）	9787515334837	32.0
★	翻转课堂与慕课教学：一场正在到来的教育变革	9787515328232	26.0
★	奇迹学校：震撼美国教育界的教学传奇（中国教育新闻网2015年度"影响教师的100本书"）	9787515327044	36.0
★	学校是一段旅程：华德福教师1-8年级教学手记	9787515327945	32.0
★	高效能人士的七个习惯（25周年纪念版）（全球头号畅销书）	9787515326399	68.0
★	盖洛普优势识别器2.0：《现在，发现你的优势》升级版	9787515308036	199.0

您可以通过如下途径购买：

1. 书　　店：各地新华书店、教育书店。
2. 网上书店：当当网（www.dangdang.com）、亚马逊中国网（www.amazon.cn）、天猫（zqwts.tmall.com）京东网（www.360buy.com）、第一街（www.diyijie.com）。
3. 团　　购：各地教育部门、学校、教师培训机构、图书馆团购，可享受特别优惠。
　　购书热线：010-65511270 / 65516873

➡ **任何优秀教师和成功教师，首先必须是一名高效能教师。**

低效能学校 + 低效能教师 =（学生成绩）前 50% ⬊ 倒数 3%
高效能学校 + 低效能教师 =（学生成绩）前 50% ⬊ 倒数 37%
低效能学校 + 高效能教师 =（学生成绩）前 50% ⬈ 前 37%
高效能学校 + 高效能教师 =（学生成绩）前 50% ⬈ 前 3%

《如何成为高效能教师》

作　者：（美）黄绍裘　黄露丝玛丽
ISBN：9787515301747
开　本：16
页　码：344
定　价：68.00元

➡ 美国最专业、最权威、最系统的 **教师培训第一书**。看世界上最专业、最高效、最幸福的教师如何打造快乐、善学、高分的好学生。

➡ 全球最畅销的教师用书引进中国。亚马逊网上书店教育类畅销书榜第 1 名。出版 20 年，覆盖 102 个国家，全球销量超过 350 万册。

➡ 首度公开成功教学的最大秘密，汇集全美 **100 名最优教师 30 年成功教学智慧**，建构了一套完整的高效能教师培训系统和教师素质与能力提升解决方案，让 **新教师迅速成熟，老教师突破极限**，享受终极职业快乐。

➡ 幼师、中小学教师、教育管理者、师范院校师生、对外汉语教师 **"人手一册"** 的必备工具书。

➡ **超值赠送** 60 分钟美国最受欢迎的教师网络教学视频，200 页网络版主题教学拓展资源。书中附有大量被实践证明、行之有效的 **教学资源和技术工具**，更为教师的日常教学和管理实践提供丰富的行动指南。